이야기로 배우는 소통의 기술
말이 통하는 아이

교과연계	
4학년 1학기 국어	3. 이 생각 저 생각 4. 이 말이 어울려요
5학년 1학기 국어	8. 함께하는 세상
5학년 2학기 국어	3. 의견과 주장
6학년 1학기 국어	1. 상상의 세계 8. 함께하는 마음

이야기로 배우는 **소통**의 기술

말이 통하는 아이

노여심 글 · 권송이 그림

주니어김영사

저자의 말

소통의 기술은
어디에서 배울 수 있을까요?

여러분, 소리 내어 울어 본 적이 있나요?

갓난아기가 우는 것은 의사소통 방법이 그것뿐이기 때문입니다. 그러나 여러분이 울었다면 분명한 이유가 있었을 거예요. 어느 날, 한 학생이 울면서 말하더군요.

"선생님, 억울해요! 친구가 내 말을 믿지 않아요."

이렇듯 많은 어린이들이 생각한 대로 소통할 수 없어서 답답해합니다. 소통이라는 말이 낯설다고요? 여기에서 말하는 소통은 '의사소통'의 줄임말이에요. 뜻이 서로 통하여 오해가 없음을 의미하지요. 우리 조상들은 소통이 안 되어 답답할 때 "어휴, 내 속을 버선 속처럼 까 보일 수도 없고……."라고 말했어요. 소통이 안 되는 상태는 예나 지금이나 불편합니다.

우리는 수많은 갈등 속에서 살아갑니다. 내 의도대로 사람들과 소통할 수 있다면, 그래서 내 뜻대로 모든 것이 해결된다면 정말 좋겠지요? 그렇다면 답답해하지 말고 소통의 기술을 배워 보세요.

소통의 기술은 어디서 배울 수 있을까요?

나는 여러분이 쉽고 재미있게 익힐 수 있는 '이야기'에서 소통의 방법을 찾을 수 있다고 믿어요.

동서고금을 막론하고 어린이들은 이야기를 좋아합니다. 나라마다 전해 오는 옛이야기가 있는 것을 보면 어른들이 이야기 속에다 삶의 지혜를 넣어 전해 주려고 했던 걸 알 수 있어요. 나는 이야기 속에 훌륭한 소통의 기술도 담겨 있다고 생각해요. 소통을 잘해서 위기를 행운으로 바꾼 이야기들을 만나 보고, 그 이야기 안에 숨은 소통의 기술을 찾아보길 바랍니다.

이 책에서는 소통에 대한 기술을 여섯 가지로 나누었습니다. 모쪼록 이 책이 여러분의 갑갑한 가슴에 한 줄기 밝은 빛을 비추는 역할을 했으면 좋겠어요. 집이나 학교생활에서 이 책에 나온 소통의 기술들을 적용해서, 소통의 달인들이 된다면 정말 기쁠 거예요.

노여심

차례

머리말 소통의 기술은 어디서 배울 수 있을까요?

1 경청 말하기 전에 잘 들어요

소통풀이 역할극 공주의 달 12
이야기로 배우는 소통의 기술 아주아주 많은 달 16
자세히 알아보기 귀담아듣는 어릿광대,
　　　　　　　문제를 풀어 주는 공주 20
➕ 소통 다지기 경청은 답을 찾는 대화법 26

2 끈기 힘들다고 쉽게 포기하지 마세요

소통풀이 역할극 두 배로 30
이야기로 배우는 소통의 기술 도라지 값 인삼 값 35
자세히 알아보기 끝까지 포기하지 않은 우리나라 상인 41
➕ 소통 다지기 끈기의 시작은 자존감 46

3 여유로움 대화 분위기를 편안하게 만들어요

소통풀이 역할극 말은 끝까지 들어 봐야 해 50
이야기로 배우는 소통의 기술 병아리 모이 값 / 솔로몬의 재판 56
자세히 알아보기 말 속에 숨은 함정을 찾아서 61
➕ 소통 다지기 장난으로 배우는 여유 68

4 솔직함은 언제나 통해요

소통풀이 역할극 미안, 거짓말이야　72

이야기로 배우는 소통의 기술 내 이름은 삐삐 롱스타킹　77

자세히 알아보기 삐삐의 친구 만들기 전략　80

✚ **소통 다지기** 상상의 말 + 솔직함 = 진정성　88

5 혼자 해결하지 못할 때는 도움을 청해요

소통풀이 역할극 선물　92

이야기로 배우는 소통의 기술 위기를 넘긴 부부　95

자세히 알아보기 헤어지기 싫은 부부를 도운 랍비　101

✚ **소통 다지기** 주변에서 얻는 소통의 힌트　106

6 원하는 쪽으로 이야기를 이끌어요

소통풀이 역할극 나랑 놀자　110

이야기로 배우는 소통의 기술 빨간 모자 / 호랑이와 나무꾼　114

자세히 알아보기 소통에 성공한 늑대와 나무꾼　118

✚ **소통 다지기** 대화의 주도권은 자신감에서부터　126

이 책의 구성과 활용법

소통풀이 역할극

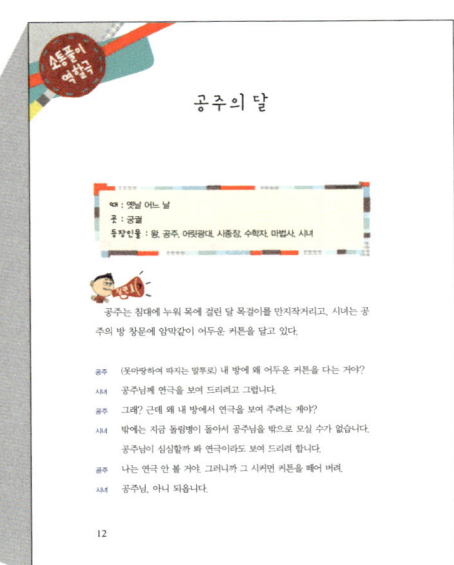

인물들의 '대화'를 통해 소통의 예를 보여 줍니다. 소통에 도움이 되는 이야기를 생생하게 전하기 위해 이야기를 연극 대본처럼 꾸몄습니다. 학급에서 모둠별로 역할을 맡아 연극을 해 보아도 좋습니다.

아주아주 많은 달

옛날 바닷가 어느 왕국에 '레노어'라는 공주가 살았어요. 어느 날, 레노어 공주는 나무딸기 파이를 탐욕처럼 쌓아 놓고 먹다가 그만 병이 났어요. 명의가 치료를 해도 공주의 병은 나아지지 않았답니다. 공주를 끔찍이 사랑하는 왕은 근심이 깊었어요.
'사랑하는 공주가 어서 나아야 할 텐데, 어떻게 하면 우리 공주 병이 나을 수 있을까?'
레노어 공주는 왕에게 달을 가져다주면 자신의 병이 나을 것 같다고 말했습니다. 공주를 무척 사랑하는 왕은 달을 공주에게 가져다주려고 똑똑하다는 신하들을 모두 불렀습니다.
"달을 따오시오. 달을 따오면 공주의 병이 나을 것이오."

이야기로 배우는 소통의 기술

소통풀이 역할극에서 미처 다루지 못한 이야기의 전체 줄거리를 소개합니다. 또한 비슷한 내용을 다루고 있는 다른 이야기도 함께 소개해 '소통'의 중요함을 강조합니다.

귀담아듣는 어릿광대,
문제를 풀어 주는 공주

《아주아주 많은 달》에서 공주는 달을 간절히 가지고 싶어 합니다. 딸을 사랑하는 왕은 공주에게 달을 가져다줄 방법을 찾아요. 과학적으로나 수학적으로나 이 문제는 너무 어려운 문제입니다. 아니, 어려운 문제가 아니라 해결할 수 없는 불가능한 문제지요. 그러나 어릿광대는 불가능의 문제를 명쾌하게 해결했습니다.

《아주아주 많은 달》을 통하여 우리가 배워야 할 소통의 기술은 바로 어릿광대가 문제를 해결한 그 방법입니다.

달을 따오라는 왕의 명령에 대하여 '똑똑하다'고 손꼽히는 신하들의 의견을 들어 보고 어릿광대의 생각과 비교해 보세요.

시종장 달은 5만 6000킬로미터나 떨어져 있고, 공주님께서 누워 계시는 방보다도 큽니다. 더군다나 달은 펄펄 끓는 구리로 되어 있사옵니다.

마법사 달은 지구에서 24만 킬로미터나 떨어져 있고, 초록색 치즈로 되어

20

앞에서 다룬 이야기에 저자의 설명을 덧붙여 6가지 소통의 기술을 본격적으로 배워 봅니다. 선생님의 설명을 따라 가다 보면 이 이야기에서 나오는 인물들의 특징을 파악할 수 있고 구체적인 소통의 방법을 배울 수 있습니다.

경청은 답을 찾는 대화법

경청의 자세에서 으뜸은 상대를 존중하는 마음이에요. 자기 생각을 잘 전하고 싶어 대화를 시도하지만 상대를 무시하거나 가볍게 여기는 마음이 깔려 있다면 어떤 기술을 적용해도 성공할 수 없어요.

소통에서 존중하는 마음보다 경청 방법이나 기술이 더 중요하다고 말하는 사람도 있어요. 하지만 다른 사람의 말을 잘 듣기 위한 그 어떤 방법들도 '상대를 존중하는 마음'을 따라갈 수는 없어요. 그것들은 모두 '상대를 존중하는 마음' 위에서 빛을 발한답니다. 경청의 방법이나 기술을 전혀 몰라도 이러한 마음만 있다면 소통은 가능해집니다.

하지만 우리는 종종 존중하는 마음이 별로 없을 경우에도 소통해야 할 때가 있어요. 그럴 때는 이렇게 해 보세요.

존중하는 마음이 없을 때도 소통할 수 있는 방법

● 마주앉는다.   ● 상대방이 말할 때도 눈을 맞춰 준다.
● 눈을 맞춘다.   ● 고개를 끄덕여 준다.
● 부드러운 목소리로 말을 건넨다.   ● 짧은 대답이나 감탄사로 호응해 준다.

이렇게 하다 보면 나도, 상대도, 서로를 존중하는 마음이 생긴답니다.

이 장에서 다룬 소통의 기술들을 다시 한 번 정리하고 생활에 적용해 봅니다. 학교나 가정에서 연습할 수 있는 소통의 기술을 예를 들어 소개하고 있습니다.

말하기 전에 잘 들어요

소통, 그러니까 누군가와 의견을 막힘없이 주고받으며 뜻을 맞추려면 어떻게 해야 할까요?

먼저 소통할 사람을 찾아가세요. 소통하고 싶은 사람의 얼굴을 마주보고 앉아 대화하고 싶다는 느낌을 주세요. 이때 중요한 것은 상대방의 말을 잘 듣겠다는 태도를 전하는 거예요. 대화하기를 원하는 상대방의 얼굴을 마주하고 그 사람의 이야기를 잘 듣고 싶다는 마음을 표현한다면, 상대방도 쉽게 나에게 마음을 열게 되지요.

대화는 혼자 하는 이야기가 아니에요. 내 말을 그 사람에게 전달하려는 목적이 있다면 나도 그 사람의 이야기를 '경청'해야 합니다. 그럼 경청이란 뭘까요? 요즘은 유치원에서 경청을 노래 가사로 만들어 부른다고 하네요.

"경청이란 무엇일까요? 경청이란……. 귀는 쫑긋쫑긋, 고개는 끄덕끄덕, 말하는 사람의 눈을 보고 잘 듣는 것~!"

이렇게 경청은 어릴 때부터 배워야 하는 중요한 가치입니다.

말은 입으로 하고 귀로 듣는다고 생각하기 쉽지만 상대의 말은 온몸으로 들어줘야 해요. 대화할 때는 언제나 경청의 자세를 잊지 마세요. 경청의 자세로 나누는 대화는 소통의 지름길이랍니다.

공주의 달

때 : 옛날 어느 날
곳 : 궁궐
등장인물 : 왕, 공주, 어릿광대, 시종장, 수학자, 마법사, 시녀

장면1 공주는 침대에 누워 목에 걸린 달 목걸이를 만지작거리고, 시녀는 공주의 방 창문에 암막같이 어두운 커튼을 달고 있다.

공주　(못마땅하여 따지는 말투로) 내 방에 왜 어두운 커튼을 다는 거야?

시녀　공주님께 연극을 보여 드리려고 그럽니다.

공주　그래? 근데 왜 내 방에서 연극을 보여 주려는 게야?

시녀　밖에는 지금 돌림병이 돌아서 공주님을 밖으로 모실 수가 없습니다. 공주님이 심심할까 봐 연극이라도 보여 드리려 합니다.

공주　나는 연극 안 볼 거야. 그러니까 그 시커먼 커튼을 떼어 버려.

시녀　공주님, 아니 되옵니다.

공주　내 말을 안 듣겠다고? 어서 떼지 못해!

시녀   (커튼을 떼어 내며) 예, 알겠습니다.

    시녀가 걷은 커튼을 들고 나가자, 공주의 방 앞을 서성이던 왕이 방으로 들어온다.

왕   공주, 왜 연극을 보지 않겠다는 것이냐?
공주   아바마마, 저는 이 달만 있으면 심심하지 않아요.
왕   (공주의 목걸이를 만지며) 달이 그리도 좋으냐?
공주   (목에 걸린 달을 보여 주며) 그럼요! 이것 보세요! 참 예쁘지요? 밤이 되면 더 예뻐질 거예요.
왕   (놀라서 큰 소리로) 언제 더 예뻐진다고?
공주   밤에요!
왕   (공주의 방을 나가면서) 놀고 있어라.

장면2 왕이 근심 어린 표정으로 신하들을 내려다본다. 신하들 역시 머리를 가로저으며 심각한 표정으로 서로의 얼굴만 바라본다.

왕   어쩌면 좋소?
시종장   공주님이 밤을 기다리고 있다니, 정말 큰일입니다. 공주님 목에 걸려 있는 달이 가짜라는 걸 오늘 밤이면 아시겠지요?

마법사 커튼을 치는 일도, 안대를 해 드리는 일도 허사로 돌아갔습니다. 밤을 기다리는 공주님을 무슨 수로 말리겠습니까?

왕 이러다가 우리 공주의 병이 다시 돋겠소. 어서 좋은 방법을 생각해 보시오.

수학자 방법이 없습니다. 일단 공주님의 목에 걸려 있는 달이 가짜라고 솔직히 말해 줍시다.

왕 무슨 소리요? 그러면 공주는 더 큰 병을 얻을 것 아니겠소?

수학자 진짜 달을 따다 드린다고 약속하면 어떠하겠사옵니까?

시종장 수학자의 말도 일리가 있습니다. 그렇게 하면 시간을 벌게 됩니다.

마법사 그동안 저희가 묘책을 마련해 보겠습니다.

왕 무슨 수로 하늘의 달을 따다 준단 말이오? 안 되겠다. 어릿광대를 불러라!

 왕이 어릿광대를 데리고 공주의 방으로 들어선다.

왕 (커튼을 닫으며) 공주야, 어서 자야지?

공주 (창밖을 가리키며) 닫지 마세요. 달이 빛나고 있어요.

왕 (어릿광대를 바라보며) 창밖에 왜 아직 달이 있지?

어릿광대 저보다는 공주님이 더 잘 아실 것 같습니다. 공주님, 공주님의 목에 달이 걸려 있는데, 하늘에서 또 달이 빛나고 있네요! 어떻게 된 거죠?

공주 그건 간단하지. 이를 빼면 그 자리에서 새 이가 나잖아? 달도 그래.

　공주와 왕 그리고 어릿광대가 공주의 목에 걸린 가짜 달을 보며 기뻐한다.

아주아주 많은 달

　옛날 바닷가 어느 왕국에 '레노어'라는 공주가 살았어요. 어느 날, 레노어 공주는 나무딸기 파이를 탑처럼 쌓아 놓고 먹다가 그만 병이 났어요. 명의가 치료를 해도 공주의 병은 나아지지 않았답니다. 공주를 끔찍이 사랑하는 왕은 근심이 깊었어요.
　'사랑하는 공주가 어서 나아야 할 텐데. 어떻게 하면 우리 공주의 병이 나을 수 있을까?'
　레노어 공주는 왕에게 달을 가져다주면 자신의 병이 나을 것 같다고 말했습니다. 공주를 무척 사랑하는 왕은 달을 공주에게 가져다주려고 똑똑하다는 신하들을 모두 불렀습니다.
　"달을 따오시오. 달을 따오면 공주의 병이 나을 것이오."

왕은 똑똑하다는 신하들에게 달을 따오라고 명령했어요. 시종장, 마법사, 수학자가 왕의 명을 받고 달을 따올 방법을 연구했지요. 그러나 그중 누구도 달을 따오지는 못했습니다. 그들의 생각에 달은 너무나 크고 멀리 있어, 도저히 가져올 수 있는 것이 아니었답니다.

시름에 잠긴 왕은 어릿광대를 불러 류트를 연주하게 했어요. 왕은 어릿광대가 자기의 문제를 해결해 줄 것이라고는 전혀 생각하지 않았지만 답답한 마음에 하소연을 했답니다.

"공주가 달을 가지면 나을 것 같다고 하는데 달을 따올 방법이 없겠느냐?"

왕의 고민을 들은 어릿광대는 공주 방에 가서 공주의 얘기를 자세히 들어 보자고 제안합니다. 그리고 뜻밖에도 공주는 아주 쉬운 답을 가지고 있었지요. 공주는 달이 자기 엄지손톱만 한 크기로 나뭇가지에 걸려 있으니 따올 수 있다고 대답했어요. 그건 아무도 생각하지 못한 답이었지요.

왕은 기뻐하며 공주에게 달 모양의 메달이 달린 목걸이를 선물했어요. 공주는 달 목걸이를 목에 걸고 건강을 되찾았어요.

하지만 기쁨도 잠시, 왕은 걱정이 하나 또 생겼답니다. 밤이 되면 달이 다시 떠오를 것이고, 공주가 그 달을 보면 자기가 받은 달이 가짜 달이라는 것을 알게 될 것이기 때문이지요.

공주의 눈에 달이 보이지 않게 하는 방법은 무엇일까요? 왕은 이번

에도 똑똑한 시종장, 마법사, 수학자를 불렀어요. 그러나 그들은 밤하늘에 뜬 달을 공주가 보지 못하게 하는 방법도 찾지 못했습니다.

어릿광대는 이번에도 공주와의 대화를 통하여 문제를 해결하려고 합니다. 그는 똑똑하다는 신하들보다 달에 대해서 더 많은 것을 알고 있는 레노어 공주에게 묻는 것이 좋겠다고 제안했어요.

"공주님, 공주님의 목에 달이 걸려 있는데, 어떻게 하늘에서 또 달이 빛날 수 있지요?"

어릿광대의 질문에 공주는 어이없다는 듯 웃으며 말했어요.

"이를 빼면 그 자리에서 새 이가 나는 것처럼 달도 그렇지!"

똑똑하다는 어른들이 이마를 맞대고 고민해도 찾을 수 없는 답을 공주는 이미 다 알고 있었던 것입니다.

– '아주아주 많은 달'의 줄거리

자세히 알아보기

귀담아듣는 어릿광대, 문제를 풀어 주는 공주

'아주아주 많은 달'에서 공주는 달을 간절히 가지고 싶어 합니다. 딸을 사랑하는 왕은 병이 난 공주에게 달을 가져다줄 방법을 찾아요. 과학적으로나 수학적으로나 이 문제는 너무 어려운 문제입니다. 아니, 어려운 문제가 아니라 해결할 수 없는 불가능한 문제지요. 그러나 어릿광대는 불가능의 문제를 명쾌하게 해결했습니다.

'아주아주 많은 달'을 통하여 우리가 배워야 할 소통의 기술은 바로 어릿광대가 문제를 해결한 그 방법입니다.

달을 따오라는 왕의 명령에 대하여 '똑똑하다'고 손꼽히는 신하들의 의견을 들어 보고 어릿광대의 생각과 비교해 보세요.

시종장 달은 5만 6000킬로미터나 떨어져 있고, 공주님께서 누워 계시는 방보다도 크옵니다. 더군다나 달은 펄펄 끓는 구리로 되어 있사옵니다.

마법사 달은 지구에서 24만 킬로미터나 떨어져 있고, 초록색 치즈로 되어

수학자 달은 48만 킬로미터나 떨어져 있사옵니다. 달은 동전처럼 둥글고 납작하며, 석면으로 되어 있고, 크기가 이 나라의 절반만 하옵니다.

어릿광대 공주님의 이야기를 들어 보는 것이 어떠하옵니까? 레노어 공주님은 달이 얼마나 크다고 생각하는지, 달이 얼마나 멀리 있다고 생각하는지, 그것부터 알아보는 것이 좋을 듯합니다.

  신하들은 공주의 정확한 의도를 모른 채, 이 일을 수학적으로 또는 과학적으로 판단해 달을 딸 수 없다고 단정 지어 버렸습니다. 그렇다면 똑똑한 신하들조차도 풀 수 없는 이 문제를 해결하기 위하여 어릿광대가 시도한 방법은 무엇인가요? 바로 '경청을 통한 문제 해결'이었습니다. 공주의 이야기를 먼저 들어 볼 것을 제안하는 어릿광대가 나타나기 전까지 문제 해결의 실마리인 '공주가 생각하는 달'을 아무도 짐작하지 못했던 거예요.

  문제를 풀기 위해서는 문제를 만든 사람의 의도를 파악하는 것이 매우 중요합니다. 가장 쉬운 방법은 그 사람의 말을 잘 들어 보는 것입니다. 귀를 기울여 듣고 질문하는 공주와의 대화는 하늘의 달을 따는 불가능의 문제까지도 해결해 주었습니다.

  경청의 중요성을 생각한 어릿광대가 공주에게 다가가 주고받은 대화의 장면을 상상해 볼까요?

"공주님, 달은 얼마나 클까요?"

"달은 내 손톱보다 조금 작아. 내가 달을 향해 엄지손톱을 대 보면 딱 가려지거든."

"그 달은 얼마나 멀리 있을까요?"

"저기 있네. 창밖의 나무보다 그리 높지 않은 곳에 있어. 나뭇가지 꼭대기에 걸려 있을 때도 있잖아?"

"아, 그렇군요! 공주님께 달을 따다 드리는 일은 무척 쉽네요? 오늘 밤 나뭇가지 꼭대기에 달이 걸리면 제가 나무에 올라가서 달을 가져다 드릴게요."

"그런데 공주님! 달은 무엇으로 만들어졌을까요?

"당연히 금으로 만들어졌지."

소통을 하려면 상대를 알아야 합니다. 공주가 아직 천문학을 공부하지 않은 어린아이라는 것을 어릿광대는 잘 알았던 것입니다.

어릿광대가 제안한 '공주와의 대화'는 불가능하던 문제를 쉽게 해결했습니다.

왕도 신하들에게 달을 따오라는 명령을 내렸지만 그것이 불가능한 일이라는 걸 모를 리 없습니다. 또한 공주에게 달 모양의 금 목걸이를 선물하는 것으로 병을 낫게 할 줄은 왕 자신도 짐작하지 못했을 겁니다.

하지만 문제는 여전히 하늘에 달이 있다는 사실입니다. 왕과 신하들의 걱정은 처음으로 돌아갑니다. 아울러 그들의 고민을 풀어 주는 어릿광대의 제안은 또 한 번 우리를 놀라게 합니다. 이번에도 다른 신하들의 의견과 어릿광대의 의견을 비교해 보세요.

시종장   공주님께 까만 안경을 만들어 드리면 되옵니다. 안경 때문에 하늘의 달을 볼 수 없을 것입니다.
마법사   공주님 방에 까만 벨벳 커튼을 치는 것입니다. 달빛이 공주님의 방으로 새어 들어가지 못할 것이옵니다.
수학자   밤마다 정원에서 불꽃놀이를 하는 것은 어떨지요? 폭죽으로 하늘이 대낮처럼 밝아지면 공주님은 달을 보지 못할 것이옵니다.
어릿광대   다른 신하들이 '달은 너무 크고 너무 멀리 있다.'고 할 때, 달을 가져올 수 있는 방법을 알려 준 사람은 공주님이었습니다. 신하들보다 달에 대하여 더 잘 아는 사람은 공주님입니다. 제가 공주님께 '공주님의 목에 달이 걸려 있는데도 하늘에서 달이 여전히 빛나고 있는 이유'를 여쭈어 보겠습니다.

　공주의 말을 들어 볼 것을 제안하는 어릿광대는 사람 사이의 진정한 소통의 방법을 알고 있는 인물입니다. 공주와 어릿광대의 명쾌한 대화를 다시 한 번 들어 볼까요?

"말씀해 주세요, 레노어 공주님. 공주님의 목에 달이 걸려 있는데, 어떻게 하늘에서 또 달이 빛날 수 있죠?"

"그건 간단하지. 이를 빼면 그 자리에서 새 이가 나잖아. 안 그래? 달도 그래. 난 뭐든 그럴 거라 생각해."

《아주아주 많은 달》의 작가 제임스 서버는 왜 하필이면 어릿광대를 통해 경청의 중요함을 전달하려고 했을까요? 사람들이 자기 확신에 눈멀어 남의 말은 귀담아듣지 않고 자기 생각대로 결론 내리는 모습을 꼬집으려 한 것은 아니었을까요?

정말로 현명한 사람이라면 다른 사람의 생각을 선입견 없이 들을 줄 알아야 합니다. 대화를 통하여 길을 찾지 않고 자기 식으로만 문제를 파악하고 해결하려고 한다면 이 이야기에서 나오는 신하들처럼 엉뚱한 곳에서 계속 헤맬 것입니다.

소통하고 싶으면 상대에게 다가가 그의 말을 잘 들어야 합니다.

이 이야기에서 배우는 소통의 기술은 '소통하고 싶으면 경청의 태도로 대화를 시도하라.'입니다.

경청을 하려면 상대방에게 나를 내주어야 합니다. 내 귀를, 내 눈을, 내 마음을 다 주고 그의 소리를 들어야 합니다. 상대방의 눈을 바라보며 상대방의 입장에서 듣고, 내 마음을 열어서 상대방의 생각을 존중해 주고, 상대가 하는 말의 의미를 정확하게 파악해야 합

니다. 내 안에 어떤 선입견이나 틀에 박힌 공식이 없는지 파악하는 것도 중요합니다.

상대의 말을 경청하는 태도는 상대로 하여금 나에게 관심을 가지게 하는 방법이기도 합니다. 서로 관심을 가지게 되면 당연히 대화가 잘 풀리고, 대화가 잘 풀리면 소통은 잘될 수밖에 없지요.

내가 그의 말을 경청해 주고, 그도 내 말에 귀를 기울여 공감대를 형성한다면 해결하지 못할 문제가 별로 없답니다. 친구 사이든, 가족 사이든 상대에게 다가가 서로의 마음을 알려고 노력한다면, 많은 갈등이 해소될 것입니다. '아주아주 많은 달'의 어릿광대가 그랬던 것처럼 말이에요.

경청은 답을 찾는 대화법

경청에서 가장 중요한 것은 상대를 존중하는 마음이에요. 자기 생각을 잘 전하고 싶어 대화를 시도하지만 상대를 무시하거나 가볍게 여기는 마음이 깔려 있다면 어떤 기술을 적용해도 성공할 수 없어요.

소통에서 존중하는 마음보다 경청 방법이나 기술이 더 중요하다고 말하는 사람도 있어요. 하지만 다른 사람의 말을 잘 듣기 위한 그 어떤 방법들도 '상대를 존중하는 마음'을 따라갈 수는 없어요. 그것들은 모두 '상대를 존중하는 마음'이 있을 때 비로소 빛을 발한답니다. 경청의 방법이나 기술을 전혀 몰라도 이러한 마음만 있다면 소통은 가능해집니다.

하지만 우리는 종종 존중하는 마음이 별로 들지 않을 경우에도 소통해야 할 때가 있어요. 그럴 때는 이렇게 해 보세요.

존중하는 마음이 없을 때도 소통할 수 있는 방법

❶ 마주앉는다.
❷ 눈을 맞춘다.
❸ 부드러운 목소리로 말을 건넨다.
❹ 상대방이 말할 때도 눈을 맞춰 준다.
❺ 고개를 끄덕여 준다.
❻ 짧은 대답이나 감탄사로 호응해 준다.

이렇게 하다 보면 나도, 상대도, 서로를 존중하는 마음이 생긴답니다. 그 마음으로 소통의 길을 열 수 있어요.

　그러나 많은 사람들이 자기가 잘 알고 편안하게 생각하는 사람이 말할 때에 제대로 경청하지 않는 태도를 취하는 경향이 있어요. 가장 잘 통해서 단짝 친구가 되었는데 싸우고 있다면 서로의 말을 경청하지 않아서일 경우가 많아요. 이때는 자신의 대화 태도를 관찰해 볼 필요가 있어요.

　가족이나 친한 친구 등 가까운 사람한테 다음과 같은 행동을 한 적이 있는지 살펴보세요.

❶ 상대방이 말을 하고 있는데 딴짓을 한다.
❷ 상대방의 질문에 건성으로 대답한다.
❸ 부르는 소리에 모른 척 하다가 두세 번 불러야 대답한다.
❹ 맞는 말이라고 생각은 하지만 반응하지 않는다.

　이런 경우를 발견하면 습관이 되기 전에 빨리 바꿔야 해요. 경청의 자세도 몸에 배게 해야 한다는 것, 기억해 두세요.

힘들다고 쉽게 포기하지 마세요

어느 날, 생쥐가 고양이와 눈이 마주쳤어요. 깜짝 놀란 생쥐가 줄행랑을 쳤지요. 고양이가 끝까지 생쥐를 쫓아갔어요. 고양이의 앞발이 생쥐를 덮치려는 순간, 생쥐가 쥐구멍으로 쏙 들어가 버렸네요.

오랜만에 생쥐를 만난 고양이는 코앞에서 먹이를 놓친 것이 안타까워 그 자리를 떠날 수가 없었습니다.

'날마다 사료만 먹고는 못살겠어. 오늘은 싱싱한 생쥐 한 마리를 꼭 먹을 거야.'

고양이는 생쥐가 구멍에서 나올 때까지 기다리기로 했어요. 하지만 생쥐는 한나절이 지나도 나오지 않았어요.

"멍―멍― 멍―멍―멍……."

'개다! 드디어 고양이가 나 잡는 것을 포기하고 갔구나!'

생쥐가 안심하고 구멍 밖으로 고개를 내밀자 고양이는 생쥐를 덥석 물었어요. 그리고 이렇게 말했답니다.

"요즘 세상에 외국어 하나쯤은 해야 먹고살지!"

포기하지 않는다는 것은 이런 것이에요. 목표, 목적을 향해 새로운 방법을 끊임없이 연구하고 실험하는 것이지요.

상대방과 대화하겠다는 마음을 포기하지 않는 사람이 소통에 성공한다는 것, 잊지 마세요!

두 배로

때 : 조선 시대
곳 : 항구 도시의 선착장
등장인물 : 우리나라 상인, 이웃 나라 상인

항구 도시의 선착장에 우리나라 상인을 마중 나온 이웃 나라 상인이 거드름을 피우고 있다. 우리나라 상인은 자신 있게 인삼을 보여 준다.

우리나라 상인 이번에는 제값을 쳐준다고 했지요?

이웃 나라 상인 어디 봅시다. (트집을 잡으려고 인삼을 코에 가져가 쿵쿵거리며 혼잣말을 한다.) 지난 것보다 향이 떨어지는군요?

우리나라 상인 무슨 소리요? 최상급 제품만 가져왔는데.

이웃 나라 상인 지난번 가격만큼도 쳐줄 수가 없소.

우리나라 상인 (인삼 상자를 덮으면서) 알았습니다. 우리는 더 이상 헐값에 인삼을 팔 수 없습니다. 당신들과 거래하느니 차라리 인삼을 바다에 몽땅 버리는 게 낫겠소.

이웃 나라 상인 바다에 버리느니 우리에게 넘기는 것이 낫지 않습니까?

우리나라 상인 내가 우리나라 상인 대표로 올 때 다른 상인들이 이번에도 값을 제대로 쳐주지 않는다면 이 인삼을 몽땅 저 바다에 쳐 넣고 오랬소이다. 그리고 우리는 더 이상 당신네 나라와 거래하지 않을 것이오.

이웃 나라 상인 (당당하게) 그래도 우리는 당신이 원하는 가격에는 살 수 없소이다.

우리나라 상인 (무덤덤한 표정으로 인부들에게 명령하면서 배에 올라탄다.) 뭣들 하느냐! 인삼을 모두 배에 도로 실어라! 바닷속 용왕님께 바치고 돌아갈 것이다.

이웃 나라 상인 (설마 하는 눈빛으로) 흥!

우리나라 상인 (인삼 한 상자를 높이 들어 바다에 던지면서 소리친다.) 바닷길을 보호해 주는 용왕님께 바칩니다!

이웃 나라 상인 (비웃으며 혼잣말로) 놀고 있네!

우리나라 상인 (또 한 상자를 높이 들어 바다에 던지면서 소리친다.) 물고기들아, 몸보신해라!

이웃 나라 상인 (큰 소리로 외치며) 그래 봤자 우리는 지난번 가격보다 더 주고는 살 수 없소.

우리나라 상인 사지 마시오. 우리도 안 팔아요! (다시 인삼 한 상자를 높이 들어 바다에 던지면서 소리친다.) 용왕님, 인삼 드시고 만수무강하십시오!

우리나라 상인이 연거푸 인삼 상자를 바닷물에 던지자 이웃 나라 상인이 당황하며 다급한 목소리로 부른다.

이웃 나라 상인 여보시오! 잠깐 멈춰 보시오.

우리나라 상인 (고개를 돌리며) 왜 그러시오?

이웃 나라 상인 값을 더 쳐줄 테니 그만 던져요!

우리나라 상인 이젠 틀렸소이다. 어차피 손해요. 이걸 몽땅 바다에 쳐 넣고 빈손으로 갈 것이오.

　　우리나라 상인은 상자를 들어 바다에 던지기 시작한다. 배에 있던 인삼 상자가 반으로 줄어들었다. 이웃 나라 상인이 손을 휘젓는다.

이웃 나라 상인 (목청껏 소리를 지른다.) 멈추시오! 멈추시오!

우리나라 상인 (힐끗 보고는 관심 없다는 듯이) 멸치 떼야, 너희들도 조선 인삼 맛 좀 보거라!

이웃 나라 상인 (배로 뛰어 들어가 우리나라 상인을 저지하면서) 멈추시오!

우리나라 상인 (못 이기는 척 허리를 펴고 이웃 나라상인을 향해 몸을 돌리며) 왜 자꾸 방해를 하는 겁니까?

이웃 나라 상인 제값을 쳐 드릴 테니 아까운 인삼, 그만 던지시오.

우리나라 상인 제값을 받는다 해도 나는 이미 반을 버렸기 때문에 사람들이 헐값에 팔고 온 줄 알 거요. 필요 없소. (배에 남은 인삼을 가리키며) 이것 보시오. 반밖에 안 남았는데 제값을 받는다 해도 반값이잖소?

이웃 나라 상인 그럼 두 배로 쳐주면 될 게 아닙니까?

우리나라 상인 (시큰둥한 얼굴로 자리에 앉으며) 정 그렇다면야……. 좋소!

두 사람 모두 안도의 한숨을 쉰다.

도라지 값 인삼 값

　우리나라는 아주 오래 전부터 인삼을 재배해 이웃 나라에 팔아 왔습니다. 그런데 이웃 나라 상인들은 상도덕을 지키지 않고 어떻게든 트집을 잡아 자기 이익만 챙기는 욕심쟁이였어요.
　"인삼의 잔발이 어디로 갔소?"
　잔발을 떼어내고 말린 건삼에 잔발이 없는 것은 당연한데 말도 안 되는 트집을 잡습니다.
　"향이 나지 않아요."
　비염이 심해서 향을 맡지 못하면서도 인삼 냄새가 안 난다고 트집을 잡기도 합니다. 더 어이없는 트집은 이런 거였어요.
　"거래량이 너무 적어요. 우리는 이 정도를 사느니 아예 사지 않겠소.”

우리나라 상인들이 인삼을 배에 가득 싣고 가면 그들은 단합하여 인삼을 헐값에 사려고 별별 트집을 다 잡았어요.

우리나라 상인들은 이런 이웃 나라 상인들 때문에 난감하기 이를 데 없었어요. 인삼을 안 팔고 돌아오면 손해가 더 크니까 할 수 없이 손해를 보면서도 그들이 원하는 금액에 팔곤 했습니다.

상인들은 그때마다 모여서 회의를 했지만 매번 인삼을 헐값에 팔고 돌아왔어요. 급기야 우리나라 상인들은 그 나라와 인삼 무역을 중단해야 할지 말지를 결정해야 할 지경에 이르렀습니다.

“그 나라에 인삼을 파는 것은 포기해야겠소.”

“그래야겠지요?”

“인삼 밭에 다른 것을 재배할 궁리를 해 봅시다.”

그러던 어느 날, 한 상인이 기발한 의견을 제시했습니다.

“제가 배에 인삼 반, 도라지 반을 싣고 가서 거래를 해 보겠소.”

“인삼 반, 도라지 반이라니, 그게 무슨 뜻이오?”

“이번에도 헐값에 사려고 하면 인삼을 모두 바다에 넣어 버린다고 할 것이오.”

“아하, 그러고는 도라지를 던져 버릴 셈이군요?”

“그렇지요. 그 나라와 다시는 거래를 하지 않겠다고 하면서 바다에 던져 버리면 제값을 쳐줄 것 아니겠소?”

"좋은 생각이오."

"내가 인삼 값을 제대로 받아오겠소이다."

"그래요. 그들의 버릇을 단단히 고쳐놓고 오시오."

"제가 성사시키고 올 때까지 어느 누구도 인삼을 싣고 그 나라에 가서는 안 됩니다."

"그래요. 우리도 뜻을 모아 그들과 맞서야 합니다."

상인들은 그가 거래를 잘 할 수 있도록 돕기로 했습니다.

그는 인삼과 도라지 상자를 반반씩 배에 싣고 이웃 나라로 향했습니다.

한편 이웃 나라의 항구에는 그를 기다리는 상인들이 모여서 단합회의를 하고 있었어요.

"조선에서 인삼배가 출발했다는 소식이 왔소."

"큰돈을 벌 수 있는 기회가 또 왔군요!"

"이번에 거래를 성사시킬 상단 대표님은 앞으로 나오시오."

"예. 이번에는 제 차례입니다."

"좋소. 어떤 트집을 잡을 생각이오?"

"예, 향이 좋지 않다고 할 생각입니다."

앉아서 조용히 이야기를 듣던 상인 한 사람이 벌떡 일어나더니 앞으로 나와서 이야기를 막습니다.

"그건 지난번에 내가 써먹은 수법이잖소?"

"그렇긴 하지만 그것이 가장 트집 잡기가 좋지 않소?"

"그렇긴 하지요."

"그럼 이번에도 당신이 나가시오. 지난번 것보다 향이 떨어진다고 하면 어떻겠소?"

모두 그러는 게 좋겠다고 합니다.

드디어 배가 도착했습니다. 이웃 나라의 대표 상인이 뒷짐을 지고 팔자걸음으로 선착장으로 향했습니다. 우리나라 상인은 견본이 되는 인삼 한 상자를 가지고 선착장으로 갔습니다.

"어서 오시오. 반갑소이다."

"예. 그동안 잘 계셨소이까?"

"예. 덕분에 잘 있었소이다. 어디, 인삼 한번 봅시다."

우리나라 상인이 인삼 상자를 열어 보이자, 이웃 나라 상인은 인삼 한 뿌리를 집어 들고는 코에 대며 킁킁거렸습니다.

"왜 이리 향이 없소? 인삼에서 도라지 향이 나는 것 같기도 하군요?"

"무슨 말씀이오? 도라지 향이라니요?"

"어쨌든 향이 좋지 않으니 지난번 가격보다 더 쳐줄 수는 없소."

"알았소. 그만 가 보시오."

"왜요? 다른 상인을 찾아보려고요? 나 말고는 살 사람이 없을 텐데요?"

"아니오. 이번에도 제값을 쳐주지 않으면 우리나라는 당신네 나라와 더 이상 인삼 거래를 하지 않기로 했소."

"그래요? 그래도 싣고 온 것은 팔아야 하지 않소?"

"아니오. 그동안 별 탈 없이 뱃길 따라 장사를 해 온 터라 바다 용왕님께 감사의 제물로 바칠 생각이오."

"뭐라고요?"

"그럼, 우리는 돌아가오. 앞으로 우리나라 인삼은 구하지 못할 것이오."

우리나라 상인은 배로 돌아와 인삼을 바다에 던지기 시작했습니다. 지켜보던 이웃 나라 상인의 속이 타들어갔습니다.

"멈추시오. 두 배로 주겠소!"

이렇게 해서 우리나라 상인은 도라지 값까지 인삼 값으로 받아 가지고 돌아오게 되었답니다.

그 후로 이웃 나라 상인들은 인삼 값을 제대로 쳐줄 수밖에 없었어요. 올바른 상거래가 형성되니 인삼 무역은 계속되었답니다.

- '도라지 값 인삼 값'의 줄거리

끝까지 포기하지 않은 우리나라 상인

우리나라 상인이 도라지와 인삼을 반반씩 싣고 가서 도라지를 바다에 던지면서 이웃 상인에게 다시는 거래를 하지 않겠다고 엄포를 놓은 것은 고도의 전략이었던 것입니다.

제대로 된 소통을 거부하는 사람에게 가끔은 이런 방법을 쓸 수도 있겠지요?

막무가내로 자기 이익만을 고집하는 사람을 이해하고 그와 함께

뭔가를 한다는 것은 너무 어렵습니다.

노력해도 소통이 안 되는 사람과는 맞설 필요가 있습니다. 그런 사람은 딱 그 사람이 한 대로만 갚아 주면 됩니다. 이것이 이기주의자와 악인을 상대할 수 있는 선한 보통 사람들의 전략입니다. 어려운 용어로 '팃포탯 전략'이라고도 합니다. 제대로 소통하기를 거부하는 이웃 나라 상인에게 맞서서 결국은 소통을 이끌어낸 우리나라 상인이 한 것처럼 말입니다.

이제 '도라지 값 인삼 값'에 숨어 있는 소통의 기술을 이야기해 볼까요?

물론 여기서 소통의 기술을 가진 사람은 우리나라 상인입니다. 이 상인은 어떤 사람입니까? 포기하지 않는 사람입니다. 남들이 안 된다고 포기하려고 할 때, 한 번 더 시도해 보자고 하는 사람입니다.

무엇이든 성공하려면 포기하지 말아야 합니다. 사람과의 소통 역시 그렇습니다. 언제까지 포기하지 말아야 할까요?

전직 신문기자이자 작가인 말콤 글래드웰은 자신의 책 《아웃라이어》에서 아웃라이어가 되려면 1만 시간을 투자하라고 했습니다. 아아웃라이어(outlier)란 사람들과 어울리지 않고 혼자만의 세계에서 살아간다는 뜻의 아웃사이더(Outsider)가 아닙니다. IT산업의 대가 빌 게이츠와 바이러스 백신 개발자 안철수, 음악으로 사람들의 마음을 위로한 비틀즈, 한글을 만든 세종대왕처럼 보통 사람의 경지를 뛰어넘어 각 분야에서 성공한 사람을 말합니다.

이 책의 저자가 던진 메시지는 '1만 시간의 법칙'이라는 말로 많은 사람들에게 각인되었어요. 어떤 일을 시작했으면 1만 시간을 투자해야 성공의 길로 접어들 수 있다는 말입니다.

《아웃라이어》에서는 어떤 사람이, 어떤 경우에 성공하는가를 말하고 있습니다. 성공이란, 꾸준한 노력을 요하는 '1만 시간의 법칙'을 성실히 지키며 개인의 능력을 갈고닦고 있다가 찾아온 기회를 놓치지 않는 자의 것이라고 합니다. '1만 시간의 법칙'은 포기하지 않는 자세를 말합니다. 무엇이든 성공하려면 쉽게 포기하지 말아야 합니다.

누군가와 소통하고 싶다면 뭐든 쉽게 포기하지 마세요. 내 자존심과 상대와의 관계를 포기하지 않으면 길이 열린답니다.

'도라지 값 인삼 값'에서 우리나라 상인은 모두가 포기할 상황인데도 끝까지 포기하지 않았어요. 포기해야 할 상황에서도 포기하지 않으려는 마음이 있었기에 기발한 생각을 해낼 수 있었던 것입니다.

남의 물건을 얼토당토않게 차지하려는 이웃 나라 상인을 상대하여 원하는 무역을 지속적으로 할 수 있게 만든 그 상인을 우리는 '소통의 달인'이라고 부를 수 있어요.

그러나 그가 처음부터 그런 생각을 해낸 것은 아니었을 거예요. 극에 달한 상황에서도 포기하지 않으려는 마음이 있었기에 도라지를 인삼인 양 싣고 갈 생각을 해냈을 것입니다.

이런 것을 얄팍한 술수라고 말할 수는 없습니다. 상대가 먼저 나를 얕잡아보고 못살게 구는데 당하고만 있으면 되겠어요? 불의에 맞서서 나를 지키는 것은 또 하나의 멋진 삶의 방식입니다.

'도라지 값 인삼 값'에서 얻어 갈 소통의 기술은 '힘들어도 끝까지 포기하지 않는 것'입니다.

　포기하지 않으면 자꾸 그것에 신경이 쓰이고, 의도적이든 아니든 그 생각에 빠지게 된답니다. 그러다 보면 어느 순간에 '아하! 이렇게 하면 되겠구나!' 하는 순간이 오기 마련입니다. 포기하지 않는 사람만이 문제를 해결하려고 머리를 쓴다는 증거이기도 합니다.

　내가 포기하지 않으면 시간은 문제를 해결해 줍니다. 조금 빠르거나 느릴 뿐, 시간은 언제나 우리들에게 공평하니까요. 사람이 포기하지 않아야 하늘도 도와주지 않을까요?

끈기의 시작은 자존감

　자존감이 높은 사람은 뭐든 쉽게 포기하지 않아요. 말이 잘 안 통하는 사람하고도 소통하고 싶으면 여러분도 자존감부터 높이세요.
　내 자존감이 높은 상태인지 낮은 상태인지는 어떻게 알 수 있을까요?
　"나의 주인은 누구지?"
　"나는 누구의 의지대로 행동하고 말하지?"
　이 두 물음에 "나!"라고 즉시 답할 수 있는 사람은 자존감이 높은 사람입니다. 자존감이 높다고 생각하면 상대가 어떤 사람이든, 어떤 상황이든 자신 있게 소통을 시도하세요. 자기 자신을 믿으면서 말입니다. 포기하지 않으면 성공할 수 있습니다.
　내 생각이나 의지보다 다른 사람의 눈치를 보면서 행동하는 사람, 자신의 생각이나 행동을 믿지 못해 남을 잘 따라 하는 사람, 그런 사람은 자존감이 낮은 사람입니다.
　하지만 자존감이 낮다고 걱정할 필요는 없습니다. 높이면 되니까요. 자존감을 높이는 가장 쉬운 방법은 수업 시간을 활용하는 것입니다. 선생님이나 친구들의 눈치를 보지 마세요. '공부 시간의 주인공은 나'라는 생각을 의식적으로 하세요.

공부에 자신이 없다고요? 자신이 없으니까 학교 가서 배우는 거랍니다. 내가 공부를 잘하면 선생님이 왜 필요하겠어요? 선생님들은 공부 못하는 학생을 도와주기 위하여 끊임없이 교수법을 공부하는 사람들입니다.

선생님의 질문에 두려워하지 마세요. 모른다고 우물쭈물 하지 말고 모르면 더 당당하게 "모르겠습니다."라고 말하세요.

마음 놓고 질문하세요. 질문하는 학생을 선생님은 가장 무서워합니다. 그리고 사랑합니다. 미안해하지 말고 알 때까지 반복해서 질문하세요. 학생인 '내'가 있어서 선생님들은 존재한답니다.

그래도 안 되면 수업 시작 신호와 함께 주문을 외워 보세요.

"이 시간의 주인공은 나다! 이 시간의 주인공은 나다!"

수업시간마다 이런 주문을 외우고 공부를 시작하면 그 시간의 주인공이 될 수 있습니다.

나의 주인은 나 자신입니다. 언제 어느 상황에서라도 나 자신을 존중해 주세요. 그러면 자연스럽게 자존감이 높은 사람이 됩니다.

자존감이 높은 사람은 사람을 대할 때 두려움이 없습니다. 아무리 힘든 상대를 만나더라도 포기하지 않고 소통의 방법을 찾아낸답니다. 또한 어떤 문제에 부딪쳐도 쉽게 좌절하지 않습니다.

대화 분위기를 편안하게 만들어요

사람들은 여유로운 사람 앞에서는 긴장을 풀어요. 상대가 긴장을 풀면 소통이 쉬워진답니다. 상대방을 여유롭게 대해 보세요. 여러분은 어떤 사람인가요?

상대방을 여유롭게 대하려면 내가 먼저 여유로워야 해요. 몸과 마음이 편안한 상태여야 하는 거죠. 우선 자기 몸이 하는 말을 들어 보세요. 몸은 내 마음과 끊임없이 대화를 하려고 합니다. 몸을 너무 고생시키면 마음은 화를 내기도 해요.

"좀 쉬라고!"

"알았어. 이것만 하고 쉴게."

"그러든지. 이제 난 몰라!"

내가 쉬지 않고 공부를 하면 몸은 자꾸만 실수를 하게 만들고, 멋진 생각도 주지 않아요. 몸은 말 안 듣는 자기 자신에게 경고를 하려는 거죠.

"쉬고 다음에 해. 그러면 기막힌 생각을 하나 줄게."

공놀이도 하고, 간식도 먹고, 한참을 놀다가 책상 앞에 앉으니 그때서야 문제가 술술 잘 풀리지 않던가요? 쉬는 연습을 해 보세요. 그러면 여유로운 사람이 되고, 여유로움이 상대방에게 전해지면 소통이 쉬워진답니다.

말은 끝까지 들어 봐야 해

때 : 조선 시대
곳 : 어느 마을
등장인물 : 소작인, 지주, 마당쇠, 원님

 지주의 집 마당에 누추한 차림의 소작인이 용서를 빌며 엎드려 있다.

소작인 대감마님, 죽을죄를 지었습니다.

지주 (방문을 열고 내다보며 마당에 엎드려 있는 소작인을 향하여) 어떤 죄를 지었는고?

소작인 제가 그만 대감마님 댁 병아리를 죽게 했지 뭡니까?

지주 그래? 나의 큰 재산 하나를 자네가 없앴군 그래.

소작인 죽을죄를 지었습니다.

지주 그럼, 어찌할 것인고?

소작인 (두 손으로 엽전을 받쳐 들고) 예, 여기 병아리 값을 가져왔습니다.

지주 (목청껏 소리를 지른다) 뭐라? 병아리 값을 가지고 와?

소작인 예.

지주 (어이없다는 듯이 비웃으면서 혼잣말을 한다.) 거참, 나를 어떻게 보고 병아리 값을 가져온 거지? (벌떡 일어나 마루로 나오며 소리친다.) 병아리 값은 필요없네!

소작인 (놀라서 일어나며) 예? 그러면 병아리 값을 안 드려도 됩니까?

지주 내가 왜 병아리 값을 받나?

소작인 (기쁜 목소리로) 고맙습니다. 대감마님!

지주 자네, 병아리가 자라면 무엇이 되는지 아는가?

소작인 그야 물론 닭이 되지요.

지주 그 병아리는 암컷이었네. 그럼 뭐가 되겠는가?

소작인 암탉이 되겠지요?

지주 자네, 참 똑똑하군! (삿대질을 하면서 언성을 높이며) 똑똑한 자네가 어떻게 병아리 값만 가져왔는가?

소작인 (그때서야 눈치를 채고, 힘이 빠진다) 예? 아, 잘못했습니다.

지주 당장 가서 암탉 한 마리 값과 병아리 스무 마리 값을 가져오게.

소작인 (억울하여 하소연하듯) 대감마님!

지주 병아리는 머지않아 암탉이 될 걸세. 암탉이 되어서 알을 낳고, 병아리를 까고, 또 그 병아리들이 암탉이 되고……. 나는 오늘 큰 재산을 잃었어. 하지만 그동안 자네가 우리 집 일을 열심히 도와주었기에 많이 감해 주는 거야.

소작인   너무하십니다.

지주   (방으로 들어가면서) 내일까지 가져오게!

소작인   여기 말씀하신 만큼 가져왔습니다.

지주   (냉큼 받아 들고는 엽전을 세더니) 예끼, 이 사람아! 셈이 틀리지 않은가?

소작인   맞습니다. 닭 한 마리에 열 냥, 병아리 마리당 한 냥씩 스무 냥, 모두 서른 냥입니다.

지주   우리 집 병아리는 다른 집 병아리보다 좋은 먹이를 먹이네. 그러

니 닭이 되면 보통 닭보다 클 게 아닌가? 그러니 마리당 두 냥은 받아야 되지 않겠나?

소작인 너무하십니다.

지주 싫으면 말고. (한쪽에서 지켜보던 마당쇠를 가리키며) 마당쇠야, 이놈을 관가에 끌고 가거라. (쩌렁쩌렁한 소리로) 남의 병아리를 죽이고 값을 제대로 쳐주지 않으려 하다니, 고얀 자로구나!

소작인 (마당쇠에게 끌려가면서) 좋습니다. 원님에게 판결을 내려달라고 하겠습니다.

 관청 마루에 지주와 소작인이 원님을 향해 앉아 있다.

원님 여보시오, 너무하시지 않소? 나랏일 하기에도 바쁜 내가 병아리 사건까지 해결해 주어야겠소?

지주 저자가 내 병아리를 죽이고 그 값을 제대로 치르지 않으니 어찌하겠습니까? 현명하신 사또께서 해결해 주십시오.

소작인 억울합니다. 부디 살펴봐 주십시오.

원님 좋소. 이왕 이렇게 된 것, 이야기나 한번 들어 봅시다.

지주 저자가 암탉이 될 우리 집 병아리를 죽였습니다. 우리 병아리들이 먹는 먹이가 무엇인지 아십니까?

53

원님   무엇이오?

지주   보리쌀을 썩혀 만든 두엄을 뿌린 텃밭에서 나온 통통한 지렁이 열 마리와 싸라기 한 사발을 매일 먹습니다. 죽은 병아리한테도 그러할 참이었습니다.

원님   오, 매우 고급 먹이를 먹이는군요? 먹이 값만 돈으로 쳐도 꽤 많이 나가겠소?

지주   맞습니다. 역시 사또는 훌륭하십니다. 그러니 내 병아리 값으로 쉰 냥은 많은 것이 아닙니다.

원님   듣고 보니 맞는 말이오. (소작인을 가리키며) 돌아가서 쉰 냥을 가지고 다시 오거라.

소작인   예? 사또, 너무하십니다!

소작인 (돈 꾸러미를 쥐고) 이것을 다 드려야 합니까?

원님 당연하지. 내 앞에서 지주에게 드려라.

지주 (돈을 받아 쥐고) 고맙습니다. 사또!

원님 그런데 말이오, 쉰 냥이면 병아리가 어미 닭이 될 때까지 먹이 값이나 되겠소?

지주 충분하지는 않지만 이만하면 됩니다.

원님 그렇군요!

지주 그럼 저희는 이만 물러가겠습니다.

원님 잠깐 기다리시오.

소작인 (볼멘소리로) 왜 그러십니까?

원님 잠깐! 지주는 생각해 보시오. 이미 소작인은 당신에게 병아리 값을 모두 치렀소. 만약 병아리가 살았다면, 지주가 병아리를 키우느라 썼을 병아리의 먹이 값은, 이미 병아리 값을 모두 치른 소작인에게 주는 것이 마땅하지 않겠소? 그러니 그 먹이 값 쉰 냥은 소작인에게 주시오.

병아리 모이 값

옛날, 어느 마을에 99칸 집을 갖는 것이 꿈인 대지주가 살았어요. 그는 100칸 집을 지을 수 없음을 안타까워했지만 하는 수 없었답니다. 100칸 집은 임금님만 지을 수 있었으니까요.

그는 궁궐보다 더 큰 집을 지을 수는 없지만 재산만큼은 임금님보다 더 많이 가져도 되어서 참 다행이라고 생각했습니다. 그래서 수단과 방법을 가리지 않고 재산을 모았어요.

그러던 어느 날, 소작인 한 사람이 지주인 그의 집안일을 도와주다가 병아리 다리를 다치게 했습니다. 소작인은 다친 병아리의 다리를 흥부 못지않은 정성으로 치료해 주었어요. 그러나 병아리는 결국 죽고 말았어요.

이 사실을 안 대지주는 입가에 미소를 띠면서 기뻐서 중얼거렸습니다.

'옳거니, 돈을 벌 좋은 기회가 또 왔군!'

소작인은 지주가 인정 없는 욕심쟁이라는 사실을 알기 때문에 얼른 병아리 값을 챙겨서 만나기를 청했습니다. 그러나 지주는 병아리가 살았다면 커서 암탉이 될 거였으니 값을 더 내라고 했습니다.

집으로 돌아온 소작인은 이 일을 아내와 의논했습니다. 아내는 원하는 값을 주지 않으면 부쳐 먹는 논밭을 빼앗아 갈 것이므로 억울하지만 원하는 만큼 주자고 했습니다. 병아리 한 마리 죽이고 암탉 한 마리 값과 병아리 스무 마리 값을 주자니 억울하기 그지없었지만요.

소작인은 지주가 원하는 닭 한 마리 값과 병아리 스무 마리 값을 마련하기 위해 여기저기에서 돈을 꾸었어요. 그리고 그 돈을 들고 지주 댁으로 갔습니다.

그런데 이번에는 자기네 병아리는 다른 집 병아리와 다르니 값을 더 쳐줘야 한다는 것입니다. 너무한다고 하자 지주는 마당쇠를 시켜 소작인을 관가로 보냈습니다.

병아리 송사를 맡게 된 원님은 지주를 불러들였어요. 전후 사정을 들은 원님은 지주가 보는 앞에서 소작인에게 지주가 원하는 만큼의 돈을 마련해 다시 오라고 했습니다.

'역시 사또는 부자 편이라니까.' 소작인은 혼잣말을 되풀이하면서 돌아와 여기저기에서 돈을 더 꾸어 왔습니다. 원님은 소작인에게 지주한테 병아리 값 쉰냥을 지불하라고 했습니다. 지주는 돈을 받아 들고 일어서려고 했습니다.

"잠깐! 지주는 생각해 보시오. 이미 소작인은 당신에게 병아리 값을 모두 치렀소. 만약 병아리가 살았다면, 지주가 병아리를 키우느라 썼을 병아리의 먹이 값은, 이미 병아리 값을 모두 치른 소작인에게 주는 것이 마땅하지 않겠소? 그러니 그 먹이 값 쉰 냥은 소작인에게 주시오."

이리하여 지주는 병아리 값을 한 푼도 받지 못했답니다.

– '병아리 모이 값'의 줄거리

솔로몬의 재판

옛날 고대 이스라엘에 한집에 함께 살고 있는 두 여자가 있었어요. 그들은 같은 시기에 아기를 낳았고, 평소에 아기를 자기 옆에 누이고 잠을 자곤 했지요.

어느 날, 이 두 여자가 솔로몬 왕에게 한 아기를 데리고 찾아와, 그 아기의 진짜 엄마를 가려 달라고 호소했습니다. 먼저 한 여자가 이렇게 말했습니다.

"잠에서 깨어나 보니, 저 여자의 죽은 아기가 제 옆에 있었습니다. 저 여자가 잠을 자다가 아기를 깔아뭉개서 아기가 죽게 되었을 것입니다. 그러고는 죽은 자기 아기를 제 아기와 바꾸어 놓은 것이 틀림없습니다. 살아 있는 이 아기는 제 아기입니다."

그러자 이 이야기를 듣고 있던 다른 여자가 흥분해 얼굴을 붉히면서 이렇게 대꾸했습니다.

"아닙니다. 저 여자가 거짓말을 하고 있습니다. 이 아기는 제 아기가 분명합니다."

솔로몬 왕은 이 두 여자들의 증언을 각각 듣고 그것만으로는 아기의 진짜 엄마를 찾아낼 수 없다고 판단하고 다음과 같은 제안을 했습니다.

"좋다. 잠깐 기다려라! 법대로 하겠다. 우리 이스라엘에는 누가 주인인지 가려내지 못할 때 그것을 똑같이 나누어 주는 법이 있지 않느냐? 아기를 너희에게 똑같이 나누어 주겠다."

이 말을 들은 두 여자는 당황해했습니다. 그러다 잠시 후, 한 여자는 그렇게 해 달라고 말했고, 다른 한 여자는 좀 전과는 다른 태도로 자신이 아기 엄마 권리를 포기하겠다며 이렇게 덧붙여 말했습니다.

"아기를 반으로 나누다니요? 안 됩니다. 그럼 아기가 죽습니다. 차라리 저 여자에게 아기를 주십시오."

이 말은 들은 솔로몬 왕은 조금의 주저함도 없이 아기를 포기한 여자가 이 아기의 진짜 엄마라고 판결하고 아기를 데려가게 했습니다.

– '솔로몬의 재판'의 줄거리

자세히 알아보기

말 속에
숨은 함정을 찾아서

우리 옛이야기 '병아리 모이 값'의 소작인은 지주에게 여러 번 양보를 합니다. 하지만 지주가 말도 안 되는 억지 주장과 욕심을 내자, 소작인은 더 이상 소통할 방법을 찾지 못하고 관가로 끌려가는 것을 택했습니다.

원님은 이 사건에 큰 관심을 보이지 않습니다. 하다하다 못해 병아리 한 마리 값까지 받아 줘야 하는 상황이 어이없을 뿐입니다. 그래서 어디 사연을 들어나 보자고 장난삼아 일을 처리합니다.

여기에서 '장난삼아'라는 말에 주목해 보세요. '장난'이라는 말은 긍정적인 이미지를 갖지는 않습니다. 그러나 달리 생각해 보면 장난은 '어려운 문제를 쉽게 풀어낼 수 있게 하는 말'이기도 합니다. 이 단어를 잘 들여다보면 '여유', '가벼움'이라는 말을 품고 있다는 것을 알 수 있습니다.

우리는 나에게 일어나는 삶의 문제 앞에서 지나치게 심각해지는 경우가 많답니다. 별것 아닌 일로 우는 사람, 싸우는 사람, 화병이 나는 사람, 심지어는 죽는 사람까지 있습니다. 모두 여유로운 마음을 만들지 못해서 그렇게 되는 거지요.

'병아리 모이 값'을 통해 우리가 찾아낼 수 있는 소통의 기술은 '소통할 상대나 풀어야 할 사건을 여유로운 눈으로 보는 것'입니다.

이 이야기에서 원님은 지주의 요구를 들어주고, 이어서 소작인의 억울함도 풀어 줬습니다. 두 사람의 요구를 모두 들어주는 방향으로 문제를 해결한 것입니다. 원님은 이 문제의 해답을 어디서 찾았을까요? '병아리 값'을 요구하는 지주의 말 속에서 찾았답니다. 지주의 억지 말 속에는 '먹이 값'이라는 함정이 있었고 그것을 원님이 발견했습니다. 지주의 말 속에서 함정을 발견한 원님은 어떤 사람인가요? 생각하는 데, 남의 말을 듣는 데 여유 있는 사람입니다. 여유로운 마음으로 상대의 말을 듣다 보면 더 많은 말을 들을 수 있습니다.

　사람들의 말 속에는 드러나지 않는 수수께끼가 있어요. 거기서 어떤 사람은 하나를 찾고, 어떤 사람은 둘을 찾습니다. 남들이 하나둘을 찾을 때, 내가 셋을 찾는다면 내 삶이 더 윤택해지겠죠?

　앞에서 소개한 또 하나의 이야기 '솔로몬의 재판'은 아주 유명해 모르는 사람이 없습니다. 솔로몬은 지금으로부터 약 3000년 전에 살았던 이스라엘의 왕입니다. 솔로몬이 아기의 친어머니를 찾아 주는 판결 이야기가 알려지면서 사람들은 솔로몬을 '지혜의 왕'이라고 불렀습니다.

　아기의 엄마라면 아기의 생명이 그 어떤 것보다 먼저란 것을 본능적으로 압니다. 하지만 가짜 엄마는 아기를 빼앗길 상황이 되자, 오로지 아기를 갖는 것에만 집착을 하여 생명의 소중함을 간과해 버리지요. 솔로몬은 가짜 엄마 행세를 하는 여자의 말 속에서 이 사실을 찾아냅니다 그러고는 그것을 근거로 해서 진짜 엄마를 찾아 주는 판결을 할 수 있었던 것이지요.

상대방의 무리한 요구와 조건 속에서 발견한 함정으로 위기를 극복한 이야기는 윌리엄 셰익스피어가 쓴 희곡 '베니스의 상인'에서도 찾아볼 수 있습니다.

'베니스의 상인'은 베니스의 상인 안토니오가 가난한 친구 바사니오의 보증을 서고 고리대금업자인 샤일록에게 3000다카트의 돈을 꾸는 데서 시작합니다. 샤일록은 돈을 꾸어 주며 '돈 갚는 기한을 어기면 보증인의 가슴살 1파운드를 베어 낸다.'는 차용 증서를 만들었습니다.

돈 갚을 기한이 지나자, 샤일록은 안토니오의 살 1파운드를 베어 내는 것 말고는 어떤 조건도 들어줄 수 없다고 고집을 부립니다. 그러나 판사로 변장한 포셔가 살 1파운드를 베되, 피는 한 방울도 흘리게 해서는 안 된다고 판결하여 안토니오를 구합니다.

"피 흘리지 말 것이며 정확히 1파운드 이상도 이하도 자르지 마시오."

이 한마디가 이 이야기의 핵심입니다. 안토니오의 가슴에 칼을 대는 순간, 사람들은 숨을 죽였겠지요? 그 절박한 순간에 이 말 한마

디로 상황은 다시 완전히 바뀝니다. 우리는 반전의 힘에 환호합니다. 이 또한 여유를 가지고 침착하게 상대의 말 속에 있는 함정을 찾아내 분석한 결과랍니다.

'베니스의 상인'은 후대 사람들에게 여러 가지 상반되는 평가를 받기도 하는 작품입니다. 작품이 쓰여질 때는 유대인에 대한 사회적 평가가 나빴던 시절이기 때문에 작가 셰익스피어는 샤일록을 복수에 실패한 악인으로 그렸고, 재판장에 판사로 나온 포셔가 이미 인물들을 다 알고 있어 자신의 편에 유리한 판결을 내렸다고도 합니다. 하지만 이 판결문으로만 보았을 때 포셔는 분명히 말 속에서 함정을 찾아내 억지 주장을 지혜롭게 이겨냈습니다.

지혜로운 생각으로 사람을 살리는 '포셔' 같은 사람이 우리 주변에도 많이 있습니다. 어쩌면 이 글을 읽고 있는 여러분도 그런 위기에서 누군가를 도운 지혜의 순간이 있었을지 모릅니다. 이야기 속의 주인공처럼 큰 사건은 아닐지라도 여러분의 지혜로운 생각으로 문제를 해결한 경험은 분명 있을 거예요.

해결하기 어려운 상황에서 소통을 잘 이루어내는 것은 지혜의 표현이며, 용기와 침착함의 결과입니다.

침착함에 대하여 좀 더 이야기해 볼까요? 위기의 사건 앞에서 침착하기란 쉽지 않습니다. 지혜로운 것보다 더 어려운 것이 침착함일 겁니다. 어떻게 하면 침착하게 상대를 설득시킬 수 있을까요?

선입견을 버리고 여유를 가지면 상대방의 제안을 먼저 들어줄 수 있습니다. 앞에서 소개한 세 이야기에서 문제를 해결한 이들은 모두 상대가 원하는 것을 들어주겠다고 한 후에 내가 원하는 것을 얻는 방법을 취했습니다. 그것은 여유롭게 상대를 대하는 태도에서 나오는 힘입니다.

원님은 소작인에게 지주가 원하는 병아리 값을 먼저 주게 했습니다. 솔로몬 역시 가짜 아기 엄마에게도 아기 절반을 가지라고 말했습니다. 포셔도 샤일록에게 안토니오의 가슴에서 그가 원하는 살 1파운드를 떼어서 가지라고 했습니다. 얼마나 여유 있고 침착한 대응

인가요?

　상대방의 제안을 들어주면서 동시에 내가 원하는 것도 얻는 기술이야말로 우리가 얻고 싶은 소통의 기술이 아닐까요?

　상대의 제안에서 답을 찾는 기술을 가르쳐 준 이야기 속 인물의 요구 사항을 생각해 보세요. 병아리 한 마리 값을 터무니없이 많이 받으려던 대지주, 남의 아기를 빼앗으려는 여인, 복수심에 불타 사람을 죽이려 든 샤일록, 그들의 말은 들어줄 수 있는 말인가요? 이렇게 터무니없는 요구에도 불구하고 문제를 해결해 주는 사람들은 그들의 말을 일단 경청하고, 그 안에서 해답을 찾았습니다.

　말 속에 숨어 있는 수수께끼나 함정은 상대방을 여유롭게 대하는 가운데 찾을 수 있답니다. 기억해 두세요. '상대방을 여유롭게 대하는 것'도 소통의 기술입니다.

소통 다지기

장난으로 배우는 여유

상대에게 여유로운 내 모습을 보여 주세요. 그렇게 하면 상대방이 여유롭게 말을 할 수 있어요. 그러면 소통이 쉬워집니다.

여유롭지 못한 사람은 여유로운 분위기를 만들어낼 수 없어요. 그러니까 내가 여유로운 정서를 먼저 만들어 놓아야 합니다.

평소에 쉽게 긴장하거나 여유로운 마음가짐이 어려운 사람은 이렇게 해 보세요.

첫째, 하루에 한 번이라도 장난을 쳐 보세요. '장난'이란 무엇인가요? 상황을 뒤집는 것입니다. 뒤집힌 상황 속에서 서로 웃을 수 있는 것이지요.

내가 장난을 치지 못한다면 다른 이가 걸어오는 장난에 호응해 주세요. 다른 사람의 장난을 수용하는 자세는 다른 사람의 생각을 수용하는 자세로 나아가고, 아울러 나도 장난을 칠 줄 아는 사람이 되게 합니다.

장난을 즐겨 보세요. 장난을 즐기면 여유로운 사람이 돼요. 단, 심각한 문제 앞에서까지 장난스러운 태도면 안 됩니다.

둘째, 여유롭게 잠을 청하세요. 혹시 공부하다 잠이 쏟아진다고요? 자, 그럼 이때 자기 자신에게 하는 서로

다른 두 말을 비교해 보세요.

❶ 왜 자꾸 자려고 해? 공부 더 해야 한단 말이야.
   왜 자꾸 눈을 감아?
❷ 공부를 더 하고 싶지만 오늘은 그만 할게.
   오늘도 고생했어. 푹 자!

　졸릴 때에 1번처럼 말하면 내 몸이 어떻게 반응할까요? 불안해서 긴장합니다. 이런 상황이라면 쉽게 잠들 수도 없겠지만 설령 잠이 든다 하더라도 몸이 불안한 상태여서 잠자는 내내 긴장하게 됩니다.

　2번처럼 말하면 내 몸이 편히 자겠죠? 물론입니다. 잠자는 내내 내 몸은 행복하게 쉴 수 있습니다. 편안하게 잠자는 동안 온 몸에 여유로움이 배어듭니다.

　충분한 수면이 우리 몸을 건강하게 한다는 사실은 모두가 알고 있습니다. 그러나 공부하는 학생들에게 수면 부족은 어쩔 수 없는 현실인지도 몰라요. 하지만 그럴수록 더 편하게 자야 합니다.

　다른 사람보다 덜 자면서도 건강하고, 성적도 좋은 사람은 숙면을 취한다고 합니다. 그들은 잠 잘 때 몸이 그냥 편히 자게 놔둔대요. 정신이 몸을 들볶는 일만 하지 않아도 우리는 여유로운 사람이 될 수 있습니다. 내 몸에 휴식을 주고, 다른 사람과 장난을 즐기는 생활은 여유 있는 사람을 만듭니다. 그런 사람은 어려운 상황에서도 소통의 길을 찾을 수 있습니다.

4
솔직함

솔직함은 언제나 통해요

솔직함은 언제나 통해요

옛날 어른들은 장성한 아들이 집을 떠나 있을 때 세 가지를 항상 갖고 다니라고 했대요. '불, 돈, 거짓말'이 그 세 가지랍니다.

불은 늦게 집으로 돌아올 경우 어두운 길을 밝히거나 사나운 동물을 만났을 때 호신용으로 쓰였을 겁니다. 돈은 차비, 비상금 등입니다. 그럼 '거짓말'은 왜 필요했을까요? 거짓말은 누군가와 대화하고 소통하기 위해 필요했답니다. 물론 여기서 말하는 거짓말은 남을 해치는 나쁜 거짓말이 아니라, 분위기를 전환하는 '농담'이나 대화를 즐겁게 만드는 '상상의 말'인 셈이죠.

소통은 막힘이 없이 뜻이 잘 통하는 것을 넘어, 사람 사이의 관계를 돈독하게 하는 것을 의미하기도 합니다. 그래서 소통에는 상상의 말, 즉 악의 없는 거짓말이 허용되는 경우가 있어요. 그러나 그것의 결말은 항상 진실이어야 해요. 거짓말도 끝까지 거짓말로 두는 것이 아니라 솔직히 밝혀 나의 진심을 보여 줘야 하는 거죠.

이번에 나올 소통풀이 역할극 '미안, 거짓말이야'에서 상상의 말과 그것을 솔직하게 인정하고 바로잡는 것이 소통에 어떤 도움을 주는지 직접 확인해 보세요.

미안, 거짓말이야

때 : 어느 날 오후
곳 : 삐삐네 집
등장인물 : 삐삐, 아니카, 토미

 삐삐는 사다리를 타고 지붕으로 올라가고, 삐삐를 발견하지 못한 아니카와 토미가 삐삐네 집 문패를 보고 있다.

아니카   (깜짝 놀라서) 저것 좀 봐!

토미   (마찬가지로 놀라며) 저게 뭐지?

아니카   (문패를 가리키며) '뒤죽박죽 별장'이라고? 아까까지만 해도 저런 문패가 없었는데!

삐삐   (사다리를 흔들며) 이사 왔어.

토미   (삐삐를 발견하고 반가워하며) 안녕? 아니카랑 나는 바로 옆집에 살아.

삐삐   '아니카랑 나'라고? 네 이름은 뭔데?

토미   토미.

삐삐	토미와 아니카! 반가워. 우리는 아주 좋은 친구가 될 수 있을 것 같다.
아니카	나도 그렇게 생각해.
토미	넌 이름이 뭐니?
삐삐	(사다리 위에서 겁 없이 흔들흔들 그네를 타기 시작한다. 몸을 한 번씩 흔들 때마다 자기 이름을 한마디씩 노래하듯이 말한다.) 난 삐삐로타……롤가르디나……빅투알리아……페퍼민츠……에프라임의 딸 롱스타킹. (삐삐가 사다리에서 내려와 원숭이를 어깨에 앉힌 채 두 아이에게 다가간다.)
아니카	우아, 이름 한번 되게 길고 어렵다!
삐삐	그냥 삐삐라고 부르면 돼.
토미	넌 원숭이가 있어서 좋겠다. 그 원숭이는 이름이 뭐니?
삐삐	닐손 씨.
아니카	닐손 씨, 참 귀엽다.
삐삐	귀엽기는 하지만 버릇없이 굴 때도 많아. 한번은 우리가 상하이에 있을 때였는데, 닐손 씨가 나한테서 달아나 혼자 사는 어떤 할머니네 집에 가정부로 취직을 했지 뭐야.
토미	세상에! 믿을 수가 없어!
삐삐	그 할머니야 무척 좋아하셨지. 닐손 씨가 고기 완자를 끝내주게 잘 만드니까.
아니카	정말? 거짓말이지?

삐삐 맞아, 거짓말이야.

아니카 거짓말은 나빠.

삐삐 (우울하게) 맞아. 하지만 어쩔 수가 없어. 너희는 안 믿겠지만, 내 안에서는 수많은 거짓말이 부글부글 끓어오르고 있거든.

아니카 아무리 그래도 거짓말은 하면 안 돼.

토미 맞아.

 삐삐와 아니카, 토미가 다정하게 이야기를 주고받는다.

토미 우리가 너희 엄마랑 아빠께 인사 드려야 하지 않니?

삐삐 그건 좀 어려워. 우리 엄마는 하늘나라 천사이시고, 아빠는 해적이시거든. 아니, 해적이셨지. 지금은 아빠가 어디서 뭘 하시는지 나도 잘 몰라.

토미 (놀라서) 그럼 여기에 너 혼자 산단 말이야?

삐삐 혼자 살긴. 말이랑 닐손 씨도 여기에 사는데.

아니카 동물 말고 너를 돌봐 줄 사람이 있어야 하잖아?

삐삐 난 누가 돌봐 주지 않아도 스스로 잘 돌봐. 나 참 똑똑하지?

토미 응. 그럼, 밤에 그만 자라거나 뭐 그런 얘기는 누가 해 주는데?

삐삐 내가 나한테 스스로 해. 처음에는 아주 상냥하게 "삐삐야, 이제 그만 가서 자." 이래. 그런데 내가 말을 안 들으면 그 다음에는 조금 딱딱하게 "삐삐야, 내 말 안 들려? 그만 가서 자라니까!" 이래. 그런데도 내가 계속 말을 안 들으면 그 다음에는 화를 내. "얘가 왜 이렇게 말을 안 들어! 얼른 가서 자!" 이렇게. 그러고 나서야 아기 돼지처럼 잠을 자. (코 고는 소리를 두어 번 낸다.)

아니카 그럼 너희 아빠는 지금 어디 계시는데? 해적이시라고? 그것도 거짓말이지?

삐삐 거짓말 아니야. 난 태어나서 여태껏 아빠랑 두꺼비 호를 타고 바다를 떠돌아다녔어. 그러니 우리 아빠가 해적이라는 걸 당연히 알지.

토미 아빠가 지금 어디에 계신지도 모른다며?

| 삐삐 | 응, 우리 배가 카리브 해에서 폭풍을 만났거든. 엄청난 폭풍이었어! 바닷속 상어들이 멀미가 나서 뭍으로 오르고 싶어 할 지경이었으니까. 그때, 집채만 한 파도가 밀려와서 우리 아빠를 바다로 휩쓸어 갔어. (슬픈 목소리로) 그 뒤로 아빠를 한 번도 못 봤어.
| 아니카 | 물에 빠져 돌아가셨겠다!
| 삐삐 | 아니야! 우리 아빠처럼 크고 힘세고 뚱뚱한 해적은 물에 빠져 죽지 않아. 우리 아빠는 로빈슨 크루소처럼 물결에 떠밀려 어떤 섬에 닿으셨을 거야. (갑자기 슬픈 낯빛을 하며 덧붙인다.) 그런 말 하지 마. 아니카. 제발 나한테서 아빠를 빼앗아 가려고 하지 말란 말이야.

내 이름은 삐삐 롱스타킹

어느 작은 마을 변두리에 잡초가 무성한 오래된 집 한 채가 있었어요. 그 집에는 삐삐 롱스타킹이라는 아이가 혼자 살았지요.

삐삐네 아빠는 배의 선장이었고 딸인 삐삐도 같이 배를 타고 다녔답니다. 그러던 어느 날, 태풍에 삐삐의 아빠가 실종되고 말았어요. 삐삐의 엄마는 삐삐가 더 어렸을 때 죽었어요. 그래서 삐삐는 혼자 살게 된 것입니다.

삐삐는 아빠가 죽었다는 생각을 하지 않고 아빠가 식인종들을 만나 식인종의 왕이 되었을 거라고 생각합니다. 엄마도 하늘나라에서 자기를 내려다보고 있다고 말합니다.

삐삐가 배에서 내리던 날 선원들은 삐삐에게 상자 하나와 말을 주

었어요. 그 상자에는 금화와 원숭이 그리고 보물들이 들어 있었어요.

그 후로 삐삐는 잡초가 무성한 오래된 집에 '뒤죽박죽 별장'이라는 문패를 달고 동물들을 데리고 혼자 살게 되었고, 이웃에 사는 토미와 아니카라는 아이를 만나 친구가 되었어요.

삐삐는 힘이 세서 친구를 괴롭히는 나쁜 아이들을 혼내 주기도 합니다. 서커스에 가서는 서커스단이 하는 것보다 더 뛰어난 동작으로 사람들을 놀라게도 합니다. 아이

혼자 산다고 물건을 훔치러 온 도둑을 자기 맘대로 조정합니다.

어떤 상황에 놓여도 기죽지 않고, 어떤 사람을 만나도 친근하게 다가가서 수시로 자기가 만든 이야기를 줄줄이 풀어 놓는 삐삐를 사람들은 좋아하게 됩니다.

다과회에 초대 받아 음식을 다 먹어 버리고, 어른들이 말하는 데 끼어드는 등 조금은 버릇없이 행동하기도 하는 삐삐는 마을의 문화를 알지 못합니다. 하지만 삐삐는 사람들의 상식을 뒤엎는 행동을 하면서도 사람을 대하는 근본 마음은 늘 순수하고 정직하여 사람들에게 미움을 받지 않고 혼자서도 씩씩하게 살아갑니다.

— '내 이름은 삐삐 롱스타킹'의 줄거리

자세히 알아보기

삐삐의 친구 만들기 전략

《내 이름은 삐삐 롱스타킹》이라는 책을 읽어 본 적이 있나요? 아니면, 삐삐가 주인공으로 나오는 해외 드라마를 본 적은? 책을 읽지 않았거나 드라마를 보지 않았더라도 '삐삐'라는 말괄량이 캐릭터를 모르는 어린이는 별로 없을 겁니다. 삐삐가 세계의 어린이들에게 오랫동안 사랑 받는 이유는 무엇일까요?

삐삐는 혼자 살아요. 혼자 산다는 것은 외롭고 쓸쓸한 것은 물론이고, 삶의 여러 방면에서 의욕을 잃기 쉽습니다. 그러나 삐삐는 언제나 명랑하고 씩씩합니다.

삐삐는 매우 개성 있는 캐릭터예요. 특히 삐삐의 말은 사람을 심심하게 놔두지 않습니다. 삐삐의 몸 어딘가에는 상상의 언어가 가득 찬 창고가 있는 듯합니다. 언제 어디서라도 줄줄 엮어져 나오는 삐삐의 이야기 방법에 관심을 가져 볼까요?

삐삐의 말에는 어떤 법칙이 있습니다. 삐삐의 말속에 있는 법칙, 그것이 삐삐를 세계 어린이들과 소통하게 했습니다. 혼자서도 씩씩하게 살아가는 삐삐는 세상과 소통하기 위한 어떤 기술을 가지고 있을까요?

삐삐가 토미와 아니카를 처음 만나서 나눈 대화는 이랬어요.

"안녕? 아니카랑 나는 바로 옆집에 살아."

"아니카랑 나'라고? 네 이름은 뭔데?"

"토미."

"토미와 아니카! 우리는 아주 좋은 친구가 될 수 있을 것 같다."

토미와 아니카는 남매입니다. 삐삐는 토미와 아니카가 살고 있는 마을로 이사를 온 낯선 사람이고요.

처음 만난 동네 사람들이 대화를 할 때, 보통은 새로 이사 온 사람보다 그 마을에 살고 있던 사람이 대화의 주도권을 잡습니다. 어른들은 이럴 때 '기득권'이라는 말을 쓰기도 합니다. 그래서 경상도 어느 마을에는 '똥개도 제 마을에서는 50점을 먹고 들어간다.'는 표현도 있습니다.

그런데 이들의 대화에서는 아니카와 토미보다 이제 막 이사 온 삐삐에게서 더 강한 힘이 느껴집니다. 그뿐만이 아닙니다. 한편인 두 사람과 한 사람이 대화를 한다면 두 사람의 힘이 더 세야 맞는데 여기서는 삐삐 한 사람이 더 세 보입니다. 바로 "아니카랑 나'라고? 네 이름은 뭔데?" 라는 질문 때문이지요.

토미와 아니카 두 사람이 먼저, 이사 온 삐삐에게 관심을 보이며

말을 건넸지만 삐삐의 이 질문으로 인해 대화의 주도권은 삐삐에게 넘어갑니다. 이 말은 단순한 질문이 아니었어요. 토미로 하여금 뭔가 큰 실수라도 한 것처럼 느끼게 합니다. 자기 이름을 소개하지 않고 그저 '나'라고 했다는 질책 같은 삐삐의 말에 토미는 서둘러 자기 이름을 댈 수밖에 없습니다. 이 말에서부터 삐삐는 토미와 아니카는 물론 독자인 우리들에게까지 자기를 강한 이미지로 인식시켰습니다.

이어서 이름을 묻는 친구에게 자기의 길고 어려운

이름을 가르쳐 줍니다. 사다리의 흔들리는 속도에 박자를 맞춰 또박또박 긴 이름을 알려 줍니다. 그러나 또박또박 알려 주면 뭐하나요. 누가 들어도 길고 어려운데 말입니다. 그 이름을 듣고 있는 토미와 아니카에게도 이름이 어려운 것은 사실입니다.

토미와 아니카가 이름이 길고 어렵다고 하자, 삐삐는 자신을 그냥 '삐삐'라고 부르면 된다고 말해 줍니다. 여기서 또 한 번 삐삐에게로 힘이 기울어요. 토미와 아니카의 고민을 해결해 주었기 때문입니다. 길고 어려운 이름을 쉽게 부를 수 있게 해 준 것은 상대를 배려해 줬다는 의미를 가집니다.

이렇게 말에는 힘을 겨루는 비밀들이 숨어 있습니다. 우리가 대화를 할 때 신경을 써야 하는 이유이기도 합니다.

삐삐의 말을 좀 더 살펴볼까요? 토미와 아니카가 귀여운 원숭이가 있어서 좋겠다고 부러워하자 어떻게 하나요? 자기의 원숭이에 대하여 재미있는 이야기를 만들어 들려줍니다.

"귀엽기는 하지만 버릇없이 굴 때도 많아. 한번은 우리가 상하이

에 있을 때였는데, 닐손 씨가 나한테서 달아나 혼자 사는 어떤 할머니네 집에 가정부로 취직을 했지 뭐야."

토미가 믿을 수 없다고 말하지만 삐삐는 한마디 더 보탭니다.

"그 할머니야 무척 좋아하셨지. 닐손 씨가 고기완자를 끝내주게 잘 만드니까."

참 재미있는 거짓말입니다. 우리는 이런 것을 '상상의 말'이라고 말합니다. 삐삐는 언제 어디에서라도 꺼내어 쓸 수 있는 상상의 말들을 머릿속 어느 방에 저장해 두고 언제든지 줄줄이 꺼내 씁니다. 그러나 이야기가 이렇게만 이어지면 우리는 그를 좋아할 수 없겠지요? 거짓말쟁이를 누가 좋아하겠어요. 삐삐가 사랑스러운 친구가 될 수 있는 것은 삐삐의 거짓말이 아닌 솔직함에 있습니다.

원숭이가 가정부가 되어 고기 완자를 잘 만들었다는 삐삐의 허무맹랑한 말에 아니카가 "정말? 거짓말이지?"라고 묻자 곧바로 "맞아, 거짓말이야."라고 솔직하게 인정합니다. 거짓말이라는 것을 바로 인정하는 솔직한 대답이 있기에 삐삐의 꾸며낸 거짓말을 '상상'이라는 예쁜 말로 포장해 줄 수 있습니다.

만약 삐삐가 계속 정말이라고 우겼더라면 아니카는 삐삐가 친구가 될 수 없는 나쁜 아이라고 판단해 돌아서고 말았을 것입니다. 그러나 삐삐는 거짓말은 나쁘다는 아니카의 말을 바로 수긍합니다.

기억해 두세요, 다른 사람과 의견이 다를 때에, 또는 상대방과 다른 내 의견을 말할 때에는 상대의 말에 수긍하면서 내 말을 해야 합니다.

삐삐는 아니카의 의견을 받아들이면서 동시에 자기의 속을 드러냅니다.

"맞아. 하지만 어쩔 수가 없어. 너희는 안 믿겠지만, 내 안에서는 수많은 거짓말이 부글부글 끓어오르고 있거든."

이때 표정도 매우 중요합니다. 아니카의 말에 바로 대답하며 삐삐가 미안하고 어딘가 우울한 표정을 짓는 것은 상대의 말을 적극 인정하고 내 사정도 봐달라는 것을 의미합니다. 너의 말이 맞지만 내 안에 거짓말이 부글부글 끓어오르고 있다는 표현으로 아니카에게 다가가는 삐삐, 그런 친구를 거짓말쟁이라고 몰아붙일 사람은 없겠지요?

아니카는 삐삐에게 "그래도 거짓말은 하면 안 된다."고 충고를 하고, 삐삐는 아니카의 말에 토를 달지 않습니다. 토를 달지 않는다는 것은 '아니카의 말이 맞다.'고 인정해 주는 것입니다.

친구가 되기로 한 토미와 아니카에게 자기의 상황을 알리는 삐삐의 다음 장면을 떠올려 보세요.

"난 '삐삐야, 이제 그만 가서 자.' 이래. 그런데 내가 말을 안 들으면 그 다음에는 조금 딱딱하게 '삐삐야, 내 말 안 들려? 그만 가서 자라니까!' 이래. 그런데도 내가 계속 말을 안 들으면 그 다음에는 화를 내. '얘가 왜 이렇게 말을 안 들어! 얼른 가서 자!' 이렇게."

삐삐는 엄마가 없어도 스스로를 잘 돌본다고 했습니다. 특히 '그만 잠자리에 들라.'는 엄마의 말을 스스로에게 한다는 표현에서 우리는 외로운 삐삐에게 친구가 되어 주지 않을 수 없습니다.

"삐삐야, 이제 그만 가서 자."
"삐삐야, 내 말 안 들려? 그만 가서 자라니까!"
"얘가 왜 이렇게 말을 안 들어! 얼른 가서 자!"

슬픔을 이보다 더 재미있게 표현할 수 있을까요? 엄마가 없어서 엄마 대신 자기 자신에게 잔소리를 하듯 다그치는 삐삐의 외로운 모습에서 불쌍하다는 생각보다는 재미있다는 생각이 드는 것, 그것이 바로 삐삐의 '사랑 받을 수밖에 없는' 말하기 방법입니다.

만약 삐삐가 부모님과 함께 사는 토미와 아니카를 부러워하고 동정심을 바랐다면 그것은 외면하고 싶었을 거예요. 사람들은 부담스러운 사람을 좋아하지 않는답니다.

자신의 마음속에는 엄마가 살아 있고, 이 세상 어딘가에는 아빠가 살아 있어서 언젠가는 자기를 데리러 올 거라는 희망을 버리지 않는 삐삐를 토미와 아니카는 좋아할 수밖에 없습니다.

삐삐에게서 배울 수 있는 가장 큰 소통의 기술은 솔직함입니다. 솔직함은 당당한 모습으로 이어집니다. 당당하게 생활하는 태도는 문제 대처 능력으로 다시 이어진다는 것, 꼭 기억해 두세요.

일상에서 매일 벌어지는 문제를 해결하기 위한 삐삐의 상상력과 자신감, 솔직함과 언어적 순발력을 따라하고 싶지요? 이것들은 삐삐를 탄생시킨 작가 린드그렌이 어린이를 사랑하는 마음에서 만들어 낸 것일 겁니다. 삐삐의 친구 만들기 전략을 배워서 어떤 상황에 처하더라도 당황하지 않고 자유롭게 소통하는 씩씩한 사람이 되기 바랍니다.

소통 다지기

상상의 말 + 솔직함 = 진정성

　상상의 말과 솔직함, 이 두 요소를 잘 조합하면 무엇이 될까요? 바로 '진정성'이 된답니다.
　소통의 기술에는 상상의 말, 즉 거짓말이 허용되는 경우가 있어요. 그러나 그것의 결말은 항상 진실이어야 해요. 남에게 피해를 주지 않는 거짓말과 남에게 아픔을 주지 않는 솔직함으로 나의 진정성을 보여 줘야 해요.
　진정성을 보여 주는 방법에는 여러 가지가 있어요. 우리는 그중에서도 말로 진정성을 전달하는 것에 대해 살펴보려고 합니다.
　어떻게 하면 나의 말로 진정성을 드러내 보일 수 있을까요?
　첫째, 상대에게 먼저 다가가서 말을 걸어 봐요. 먼저 다가갈 수 있다는 것은 언제라도, 누구하고라도 말할 수 있는 자세가 되어 있다는 증거랍니다.
　둘째, 말놀이를 해 보세요. 상대방을 즐겁게 해 주는 상상의 언어로 만든 이야기는 상대방을 사랑하는 내 진심의 표현입니다. 소통의 도구라고 해도 좋겠지요?
　친구라든지, 가족이라든지, 내 주변의 사람들을 즐겁게 해 주기 위한 말놀이를 하루에 한 번씩이라도 해 보세요. 우리도 삐삐처럼 상상의 언어를 잘 구사할 수 있게 될 것예요. 그렇게 하다 보면 상상력도 함께

자랄 거예요.

　셋째, 나의 진정성을 자주 점검하세요. 삐삐가 친구에게 거짓말을 밥 먹듯 하면서도 친구의 마음을 얻을 수 있었던 것은 그 거짓말을 숨기려고 또 다른 거짓말을 하지 않았  기 때문이에요. 오늘 한 거짓말을 내일까지 안고 가지 말고 잠자기 전에 털어놓아요. 안 되면 일기장에 기록해 봐요. 오늘 이런 거짓말을 했다고. 그러면 적어도 자기 자신에게는 언제나 솔직한 사람이 될 수 있어요.

　성공적인 소통을 위해 상상의 말과 솔직함, 이 두 요소를 섞어 '진정성'이 살아나게 말해 보세요. 상대에게 나의 솔직함을 보여 주세요. 진정성이 보여서 소통이 쉬워집니다.

혼자 해결하지 못할 때는 도움을 청해요

심청이가 아버지의 눈을 뜨게 하려고 바다에 몸을 던진 것은 잘한 일일까요? 아버지의 눈을 뜨게 하려고 공양미 삼백 석에 팔려 가는 심청이, 그걸 알고 맹인인 아버지 심학규가 절규하는 소리를 들어 보세요.

"여봐라, 청아! 세상에 어느 아비가 자식을 팔아 눈을 뜬단 말이냐? 이 철없는 자식아! 내 아무리 눈이 어둡지만 너를 눈으로 알고 걱정 없이 살았는데, 이게 무슨 소리냐? 안 된다! 못 한다! 그렇게는 못 한다! 청아!"

심청이가 인당수에 빠져 죽었지만 심학규는 그대로 맹인이고, 심청이 목숨 값으로 얻은 살림도 뺑덕어멈이 다 탕진해 버렸습니다.

결국 열다섯 살 심청이가 혼자 생각하고 내린 결론이 오히려 아버지를 불행의 길로 몰아넣은 것이죠. 공양미 삼백 석 때문이 아니라 죽은 줄 알았던 심청이를 보려고 심학규가 눈을 떴으니, 심청이가 인당수에 몸을 던진 것은 헛수고가 아니었을까요? 어른과 의논도 하지 않고 자신의 생사를 결정한 심청이는 효심이야 어떻든간에 무모한 행동을 한 것으로 볼 수 있답니다.

상대방과의 소통에 문제가 있고 쉽게 풀리지 않을 때 우리는 다른 사람에게 도움을 요청해 해결할 수 있어요. 특히, 학교 폭력 등에 휘말렸을 때는 혼자서 끙끙 앓지 말고 꼭 부모님이나 상담 선생님과 의논하는 것이 진정한 소통의 기술이랍니다.

선물

때 : 화창한 어느 날
곳 : 넓고 예쁜 집 정원
등장인물 : 남편, 아내, 가족과 친척, 랍비

한 부부의 이별 파티에서 친척들이 모여 수다를 떨고 있다.

친척1 어차피 이별할 거, 서둘러 했으면 좋았잖아?
친척2 글쎄 말이야. 이제라도 결심을 해 줘서 다행이지 뭐야!
친척3 자자, 쫓겨나는 사람 처지를 생각해서 오늘은 조용히 해 주자.
친척들 (입을 모아) 그럽시다.

슬픔을 감추지 못하는 남편과 아내가 조용히 자리에 앉고 파티에 초대된 랍비˙도 여인 곁에 앉는다.

˙랍비: 유대인 사회의 영적 지도자나 종교적 교사

남편　이 자리에 모이신 가족과 친척 여러분, 그동안 제가 우리 유대인의 풍습을 거역하고 결혼을 유지하려 했던 점, 사과드립니다.

친척1　서로 사랑하는 사이인 줄은 알지만 우리의 풍습이 그러하니 어쩌겠는가? 결심을 해 줘서 고맙네.

친척2　풍습을 따르겠다고 랍비님 앞에서 서약을 하시게나.

남편　예. 그렇게 하겠습니다. 제가 서약을 하기 전에 제 아내의 훌륭한 점을 이야기할 수 있는 기회를 주십시오.

친척1　그렇게 하시게.

남편　가족 여러분, 이 파티는 우리 부부가 헤어지는 이혼 파티입니다. 우리가 비록 헤어지게 되었지만 우리가 얼마나 사랑했는지, 제 아내가 얼마나 훌륭한 사람이었는지 이 자리에서 밝히고 싶습니다.

첫째, 내 아내는 부지런합니다. 아내의 부지런한 생활 태도 덕에 우리는 재산을 이만큼 모을 수 있었습니다. 둘째, 다정하고 긍정적입니다. 그래서 늘 행복했습니다. 그리고 제 아내는 언제나 제 의견을 존중해 줍니다. 이렇게 이혼을 하게 되었지만 아무런 항의를 하지 않고, 그 무엇도 요구하지 않습니다. 내게 행복을 준 참 고마운 사람입니다.

친척2　그거야 우리도 알지.

남편　(랍비가 보는 앞에서 아내를 향해 말을 이어 간다.) 나와 훌륭한 결혼 생활을 해 준 당신에게 마지막으로 선물을 하나 주고 싶소. 당신은 내가 가진 것 중에서 갖고 싶은 것 하나를 고르시오. 당신이 원하

　　　 는 것이 무엇이든 나는 당신에게 그것을 반드시 주겠소.

랍비　(아내의 귀에 대고) 받고 싶은 선물은 남편뿐이라고 말하시오.

아내　(눈물을 닦으며 일어나서 남편을 향해 말한다.) 돈도, 집도, 보석도 필요 없습니다. 제가 갖고 싶은 것은 단 하나, 당신뿐입니다."

랍비　(남편을 바라보며) 당신은 아내가 원하는 것은 어떠한 것이든 주겠다고 약속했습니다. 약속한 것을 지키겠습니까?

남편　(환히 웃으며) 예. 약속을 지키겠습니다.

　　남편과 아내가 랍비 앞에서 포옹을 하면 막이 내린다.

위기를 넘긴 부부

10년 동안 행복하게 살고 있는 부부가 있었어요. 그런데 어느 날, 남편이 아내와 헤어져야겠다는 결단을 내렸답니다. 이혼을 앞둔 그는 랍비를 찾아갔습니다.

"어떻게 오셨습니까?"

"제 말 좀 들어 주십시오."

"예. 말씀해 보세요."

"저는 사랑하는 아내와 이혼을 해야 합니다."

랍비는 의아해서 되물었어요.

"왜 사랑하는 아내와 이혼을 하겠다는 거죠?"

"예. 저는 아내를 사랑하지만 이혼을 할 수밖에 없습니다."

"자세하게 말씀해 보세요. 아내를 사랑하는데 왜 이혼을 합니까?"

"저는 아내를 사랑하지만 가족과 친척들이 모두 이혼을 해야 한다고 하니 어쩔 수가 없습니다."

"가족들은 어째서 사랑하는 부부를 헤어지게 하려 합니까?"

남편은 울상을 지으며 랍비에게 사정 이야기를 했습니다.

"저희는 결혼한 지 10년이 되었습니다. 그런데 10년을 살아도 아내가 아기를 낳지 못했습니다. 이럴 경우에는 이혼해도 된다는 유대인의 전통 때문에 다른 가족들이 대를 잇기 위해 나에게 이혼을 요구합니다.

"아내가 아기를 낳지 못했군요! 안타깝습니다."

"아내가 상처를 받지 않게 헤어지는 방법이 있으면 좋겠습니다."

"그것보다 헤어지지 않을 방법을 찾는 것이 더 좋지 않을까요?"

"그런 방법이 있을까요?"

"생각해 봐야죠."

"아마도 없을 겁니다. 다른 가족들이 저를 가만두지 않을 거예요."

"헤어질 수밖에 없다면 아내를 위해 파티를 열어 주세요."

"파티를요?"

"예. 아내와 헤어지라고 압박을 가하는 가족들을 모두 참석하게 하고 성대한 잔치를 하는 겁니다."

"아내가 좋아할까요?"

"좋아할 만한 이벤트를 준비해야지요."

"어떤 이벤트면 아내가 좋아할까요?"

"가족들이 모두 참석하고 파티가 무르익을 즈음에 아내에 대한 이야기를 하는 것입니다. 10년 동안 살아오면서 알게 된 아내의 훌륭한 점을 조목조목 이야기하십시오."

"좋은 생각입니다. 그렇게 하면 아내도 내가 결코 이혼을 하고 싶어서 하는 것이 아니라는 것을 알게 되겠지요?"

"그 다음, 선물을 주고 싶다고 말하십시오."

"선물을요?"

"헤어지는 마당이니 선물을 하실 생각이 없으신가요?"

"아닙니다. 아내가 원한다면 선물을 주고 싶습니다."

"파티에서 아내의 훌륭한 점을 모두에게 밝힌 후에 무슨 선물을 가지고 싶은지 물어 보십시오."

"미리 준비를 하면 안 됩니까?"

"안 됩니다. 반드시 그 자리에서 모두가 듣게 물어 봐야 합니다. 이렇게 말입니다. '당신은 내가 가진 것 중에서 갖고 싶은 것 하나를 고르시오. 그것이 어떠한 것이든 나는 주겠소.'라고 말입니다."

"예. 반드시 그렇게 하겠습니다."

"이제 가 보십시오. 가서 잔치 준비를 성대히 하시오."

"예. 감사합니다."

집으로 돌아온 남편은 여러 날에 걸쳐 잔치 준비를 했습니다. 진심으로 아내를 사랑하는 마음으로 아내는 물론 아내의 친구와 가족들이 좋아하는 것들을 준비했습니다.

드디어 파티 날이 왔습니다. 남편은 랍비의 말대로 친척들 앞에서 아내의 칭찬 끝에 아내에게 선물을 하나 주겠다고 했어요. 아내는 선물로 다른 것이 아닌 남편을 갖고 싶다고 말했고 남편은 자신이 한 약속을 지켜야 했습니다. 그 덕에 두 사람은 이혼하지 않고 계속 함께 살 수 있게 되었어요. 시간이 흐른 뒤, 그들은 아기를 둘이나 낳고 행복하게 오래오래 살았답니다.

– '위기를 넘긴 부부'의 줄거리

헤어지기 싫은 부부를 도운 랍비

 '위기를 넘긴 부부'는 유대인 정신의 보고(寶庫)인 '탈무드'에 나오는 이야기입니다. 탈무드는 유대인들이 후손에게 지혜롭게 살라고 들려주는 이야기로, 유대인들은 탈무드에 나오는 여러 이야기를 통해 삶의 지혜를 배우고, 거기서 배운 지혜와 처세술로 한때 세계의 경제와 미국의 법조계를 장악했었지요.

 이 이야기에 담겨 있는 소통의 기술은 '상대방과의 대화만으로 해결할 수 없는 어려운 문제는 제3자와 의논하라.'는 것입니다.

 삶이란 셀 수 없이 많은 문제들을 만나고, 그것을 해결해 가는 과정입니다. 나에게 다가오는 문제의 대부분은 나 혼자서도 해결할 수 있는 것들입니다. 그러나 가끔은 혼자 힘으로 해결이 안 되는 것들도 있습니다. 그럴 때는 도움을 청해야 합니다. 대화에서도 마찬가지입니다. 상대방과의 대화에서 문제 해결의 방법을 찾을 수 없어 갑갑할 때 다른 사람에게 도움을 청해 보세요.

 주위를 둘러보면 이 이야기의 랍비처럼 절망을 희망으로 바꿀 수 있는 조언을 나에게 해 줄 사람이 반드시 있습니다. 문제를 혼자 해결하려다가 일을 망치는 것은 어리석은 짓입니다. 다른 사람의 도움을 받을 줄 아는 것도 지혜입니다.

이 이야기 속 남편이 자기의 친척과 소통이 안 되어 사랑하는 아내와 헤어지게 될 상황에서 랍비에게 도움을 청한 것은 아주 현명한 선택이었어요.

랍비가 이혼 위기의 남편을 도와줄 수 있었던 것은 랍비가 남편보다 소통의 기술에 능했기 때문입니다. 그러나 남편이 그에게 도움을 청하지 않았더라면 도와줄 수 없었겠지요.

우리 주변에는 나보다 소통 능력이 뛰어난 사람이 항상 존재합니

다. 어려운 문제에 부딪혔을 때, 우리는 최선의 방법을 나름대로 찾아보지만 해결 방법을 찾지 못했을 때 도움을 요청하기 보다는 그냥 포기해 버리는 경우가 더 많습니다. 그럴 때 '다른 사람과 의논하는 것'이 소통의 방법이라는 것을 기억해 내세요.

자기를 아껴 주는 사람과 소통하기 위하여 꼬리를 예쁘게 흔드는 강아지의 모습을 본 적이 있나요? 그 모습에서 우리는 언어 없이도 소통이 가능하다는 것을 알 수 있습니다.

그렇습니다. 말 못 하는 강아지하고도 소통할 수 있는 존재가 우리 사람입니다. 그러니 마음만 먹으면 사람과 사람 사이의 소통이란 어려운 것이 아닙니다. 그런데도 막상 나와 소통이 잘되는 사람을 꼽아 보면 생각보다 많지 않을 거예요.

사람과 사람 사이의 소통을 가로막는 것은 무엇일까요? 아이러니하게도 소통의 수단인 '말'이 그중 하나랍니다. 사람과 사람이 자유롭게 소통하기 위해 말을 만들었지만 막상 그 말이 우리들의 소통을 방해하는 경우가 너무 많습니다. 그만큼 말을 의도에 맞게 전달하기란 쉽지 않습니다.

지혜롭고 옳은 말은 내용이 맞는다고 되는 것이 아닙니다. '옳은 내용'을 '적절한 시기'와 '적절한 상대'에게 '적절한 상황'에서 건네야 비로소 지혜롭고 옳은 말이 됩니다. 아무리 옳은 말을 적절한 사람에게 했더라도 장소와 시기가 적절하지 않다면 그것은 옳은 말이 아닙니다. 친한 친구가 옳지 못한 행동을 했을 때, 그 친구를 위해 충고를 해 주고 싶은데, 그것을 둘만 있을 때 조용히 해 주면 충고가 되지만, 여러 명이 있는 상황에서 이야기를 꺼내면 비난이 되고 맙니다. 두 사람의 우정은 깨지고 원수지간이 되는 것이지요.

  소통을 잘하기 위해서는 말을 잘해야 합니다. 아울러 내가 소통하기 어려워서 도와줄 사람을 찾을 때도 말을 잘 하는 사람을 찾아야 합니다.

  어떻게 해야 말은 잘 하는 것일까요? '위기를 넘긴 부부'의 랍비처럼 하면 됩니다. 그에게는 다른 사람의 말을 잘 듣고 적절한 답을 찾는 지혜와 더불어 다른 사람의 행복을 바라는 마음이 있습니다.

  말은 사람들이 가지고 있는 도구 중 으뜸입니다. 말의 기능을 잘 살려서 제대로 된 소통을 이룰 때 우리의 삶은 더 행복해질 수 있답니다.

  진실한 말은 우리를 힘이 나게 합니다. 포근하게 감쌉니다. 자신 있게 해 줍니다. 나를 당당하게 해 주는 말의 힘, 우리가 그것을 찾으려고 노력하고 사랑하면 할수록 우리를 살맛나게 합니다. 아픔을 주는 말, 상처를 주는 말, 그런 말 말고 먹구름 같은 세상도 훤하게 틔워 주는 장마철 햇살 같은 말을 하는 사람들을 찾아보세요.

  그런 사람들의 말은 따뜻한 가슴에서 솟아오른 것입니다. 그래서 우리에게 힘을 주고, 용기를 주고, 사랑하는 방법을 익히게 합니다. 말 잘 하는 사람이 되기 위해 우리는 그런 사람과 가까이 해야 합니다.

사람들은 누군가에게 도움을 청하고, 도움을 받으면서 상대방과 소통하는 방법을 자연스럽게 배웁니다. 엄마와 아빠, 선생님과 친구 그리고 우리가 알고 있는 더 많은 사람들과 머리를 맞대어 생각을 나누고 모으세요. 지혜롭게 생각하고 당당하게 표현하여 '말이 잘 통하는' 사람이 되기 위해서는 다른 사람들의 도움을 받는 것도 중요하다는 것을 잊지 마세요.

주변에서 얻는 소통의 힌트

　일상생활에서 소통이 얼마나 중요하다고 생각하나요? 친구 사이나 가족 관계에서는 물론이고 친목 모임이나 회사 생활 등 사람들이 함께 살아가는 공간에서는 어디에서나 소통이 중요합니다. 그래서 소통력이 뛰어난 사람은 어디서나 인정받을 수 있어요.
　하지만 사람들은 각각 자기 생각에 사로잡혀 있어서, 몇 번을 반복해서 설명하더라도 자기 식대로 이해하고 해석해 버립니다. 그래서 소통은 언제나 어렵고 중요한 과제이고, 어린이뿐 아니라 어른들도 소통이 안 되는 것 때문에 자주 스트레스를 받지요.
　그럼 소통이 안 될 때는 포기해야 할까요?
　앞에서 끝까지 소통을 포기하지 않고 상대방을 설득시키려는 끈기를 가진 사람이 성공한다고 했지요? 끝까지 포기하지 않으려는데 방법이 없을 때는 도움을 청해야 합니다.
　학교에서 자신을 말로 괴롭히고 돈이나 이상한 행동을 계속 요구하는 아이들이 있나요? 그 일을 다른 사람에게 이르면 가만히 두지 않겠다고 엄포를 놓아 이러지도 저러지도 못하게 하나요? 그럴 때는 어른들에게 반드시 도움을 청하세요. 이런 친구들은 여러 가지 협박을 그럴듯하게 해 대며 여러분이 부모님이나 선생님에게 절대 말을 꺼내지 못하게 합니다. 결국 많은 어린이들이 이러한 괴롭힘이나 왕따를 혼자서 괴로워하다가 심지어는 자살이라는 옳지 못한 결정을 내리고 말지요.

그러나 그들의 위협을 벗어날 길이 없는 것은 아닙니다. 여러분이 느끼기에 부모님에게 말해서는 절대 안 되고 선생님 역시 자신을 그러한 괴롭힘에서 헤어나게 해 주지 못할 것 같겠지만 그것은 여러분의 상황 판단이 성숙하지 못해서 그래요.

반드시 혼자 고민하지 말고 도움을 청하세요. 일단 자신이 처해 있는 상황을 글로 적어 보고 어떤 부분이 문제인지를 정리해 본 뒤, 어른들에게 도움을 청하세요. 고민을 상담하려고 준비하는 과정이나 상담하는 과정에서 자기 스스로 해결책을 발견하기도 하고, 어른들의 조언 중에 자신이 절대 생각해 내지 못한 해결책이 있을 수도 있습니다.

이때의 소통은 자신의 문제를 객관적으로 파악하는 과정에서 자신과 소통하는 것임과 동시에, 나보다 세상과 소통에 능통한 사람의 도움을 받아 불통의 관계를 개선하는 것입니다. 지금 이러한 어려움에 처한 친구들이 주위에 있나요? 이 소통의 기술을 얼른 그 친구들에게 알려 주세요!

6 대화의 주도권

원하는 쪽으로 이야기를 이끌어요

원하는 쪽으로
이야기를 이끌어요

　앞에서 배운 소통의 기술들은 일상생활에서 일어날 수 있는 여러 갈등들을 조절해, 서로 도움을 받을 수 있는 아주 유용한 방법이에요. 이번에 배울 소통의 기술은 그것들과 성격이 조금 달라요. 이번 장에서 배울 내용은 어떤 대화 상황에서도 내가 원하는 방향으로 결론을 이끌 수 있는가에 대한 것입니다.

　학교 폭력을 예방하기 위해서도 소통의 기술을 갈고닦는 것이 중요함은 앞장에서도 얘기했습니다. 자기 생각을 제대로 이야기하지 못하고 주저하며 대화에서 밀리는 친구들이 때때로 학교 폭력의 희생양이 되기 때문이지요. 그렇게 되지 않으려면 어떤 위기 상황에 처하더라도 당당하게 자신의 생각을 잘 펼쳐 그들을 설득할 수 있어야 해요.

　우리 옛 이야기 '호랑이 형님'에서 나무꾼을 잡아먹으려던 호랑이는 나무꾼에게 설득 당해 자신이 유리한 상황이었음에도 나무꾼이 원하는 방향으로 끌려가게 되었답니다. 반대로 '빨간 모자'의 소녀는 늑대의 꾐에 빠져 비극적인 결말을 맞기도 하지요.

　대화의 주도권을 잡은 사람은 소통의 결과를 자신이 원하는 방향으로 이끌어 갈 수 있어요. 또한 자신감이 대화의 주도권을 잡게 하고 적극적인 소통을 가능하게 합니다.

나랑 놀자

때 : 겨울 햇살이 고운 어느 날 오후
곳 : 숲 속 오솔길
등장인물 : 빨간 모자 소녀, 늑대, 나무꾼

햇살이 따스한 겨울, 숲으로 난 길을 따라 과자 바구니를 든 빨간 모자 소녀가 걸어가고 있다. 숲에서는 나무꾼이 도끼로 나무를 하고 있고, 늑대는 나무꾼의 눈치를 살피면서 슬그머니 소녀 곁으로 다가온다.

늑대 (반가운 척하며) 빨간 모자야, 안녕?

소녀 (갑자기 나타난 늑대에게 놀란 눈빛으로) 아, 안녕?

늑대 (다정한 목소리로) 어디 가니?

소녀 우리 할머니께 과자를 가져다 드리러 가는 길이야.

늑대 (친구처럼 더 다정하게) 너희 할머니는 어디 계시는데?

소녀 그건 알아서 뭐하게?

늑대 그냥, 너랑 친해지고 싶어서.

소녀	이 숲 건너편 저쪽 마을에 살고 계셔.
늑대	(궁금한 눈빛으로) 할아버지께 드릴 것도 있어?
소녀	할아버지? 우리 할아버지는 돌아가시고 안 계시는데?
늑대	(옳거니, 생각하지만 능청스럽게) 어머! 그럼 할머니 혼자 사신단 말이야?
소녀	응. 그래서 엄마가 할머니께 이 과자를 가져다 드리고 말벗 좀 해 드리고 오라고 하셨어.
늑대	('할머니도 잡아먹어야지.'라고 생각하지만 안됐다는 거짓 눈빛으로) 어머나, 저런! 넌 참 착한 애구나.
소녀	(늑대에게 처음으로 관심을 보이면서) 그런데 너는 여기서 혼자 뭐 하고 있니?
늑대	(외로운 척 심각한 표정을 지으며) 친구들이 나만 따돌리고 사냥을 갔어. 내가 달리기를 못한다고 나만 빼놓고 갔지 뭐야.
소녀	(측은해하는 표정으로) 어머나, 저런!
늑대	그래서 나 혼자 이리 뛰고 저리 뛰면서 달리기 연습을 하고 있어. 그런데 너무 심심해. 혼자 노는 것은 정말 재미없어.
소녀	하지만 나는 심부름을 해야 해. 너랑 놀아 줄 수 없어.
늑대	(간절한 눈빛으로) 네가 심부름을 하면서 나랑 놀아 줄 수 있는 방법이 있어.
소녀	뭔데?
늑대	할머니 댁까지 누가 먼저 가나 경주를 하는 거야.

소녀   늑대 너랑?

늑대   싫어?

소녀   보나마나 늑대 네가 이길 텐데?

늑대   나도 달리기를 못해서 친구들이 사냥하는 데 끼워 주지 않았다니까!

소녀   그래도 너는 늑대니까 나보다 잘 달릴 거 아냐?

늑대   그럼, 그 바구니를 내가 들어 줄게. 너는 빈손으로 달려.

소녀   (바구니를 자기 쪽으로 더 챙겨 안으며) 안 돼. 이 과자는 내가 직접 가지고 갈 거야.

늑대   알았어. 그럼, 네가 먼저 갈래?
       (할머니 댁과 반대쪽을 가리키면서) 나는 여기서 저기 있는 나무까지

	왕복달리기 열 번을 한 다음에 출발할게.
소녀	(고개를 갸웃거리다가) 알았어.
늑대	(친절하게) 자, 너 먼저 출발해!
소녀	(의심하는 표정을 지으며) 알았어. 넌 저기까지 열 번 왕복달리기를 한 다음에 출발한다고 했다. 약속 꼭 지켜!
늑대	물론이지! (출발하려는 소녀의 팔을 붙잡으며) 그런데 너희 할머니 댁이 저쪽 어디라고 했지?
소녀	응. 저기, 이 숲 끝에 있는 마을의 두 번째 집이야. 지붕이 파란색이고, 대문 앞에는 사과나무가 한 그루 있어.
늑대	그렇구나! 너 먼저 출발해.
소녀	알았어.

소녀는 가던 길을 가고, 늑대는 소녀의 뒷모습을 지켜보며 입맛을 다신다.

빨간 모자

먼 옛날, 프랑스 어느 마을에 할머니와 어머니에게 사랑을 듬뿍 받는 빨간 모자의 소녀가 살았어요. 하루는 숲 건너편에 사는 할머니 댁으로 어머니의 심부름을 가게 되었답니다.

소녀는 할머니께 드릴 과자와 버터를 가지고 숲길을 걸었어요. 숲에는 소녀를 잡아먹고 싶지만 나무꾼이 있어 기회만 엿보고 있는 늑대가 있었어요.

늑대가 하는 말에 대답을 하는 것이 위험하다는 것을 몰랐던 소녀는 어쩌다 보니 할머니 집의 위치를 늑대에게 가르쳐 줬어요.

늑대는 할머니네 집까지 누가 빨리 가는지 경주를 하자고 제안했어요. 소녀는 가는 길에 나비랑 놀고 꽃다발도 만드느라 늑대가 할머니를 먹어 치운 후에야 도착했어요.

할머니로 분장한 늑대 옆에 누운 소녀는 할머니 팔이 왜 이렇게 굵은지, 할머니 다리가 왜 이렇게 굵은지, 또 이빨이 왜 이렇게 뾰족뾰족한지 물었어요. 늑대는 '너를 잡아먹기 위해서!'라고 답하며 소녀를 잡아먹었답니다.

— '빨간 모자'의 줄거리

호랑이 형님

깊은 산 속에서 나무꾼이 호랑이와 마주쳤어요. 배고픈 호랑이가 나무꾼을 당장 잡아먹겠다고 으르렁거렸더니, 나무꾼이 갑자기 '형님'이라고 부르면서 엎드려 절을 했어요. 호랑이는 어이가 없었죠. 나무꾼은 슬픈 표정을 지으며 호랑이를 속이려고 이렇게 말했어요.

"아이고, 형님! 그렇게 찾았는데 여기에 계셨군요. 그동안 산속에서 얼마나 고생이 많으셨어요. 형이 어려서 나무하러 간다며 산속으로 들어갔는데 소식이 없어서 계속 찾았습니다. 어머께서는 꿈에서 형이 호랑이가 되어 집에 오지 못하고 산에서 살고 있는 모습을 보셨다고 했습니다. 몸이 약해진 어머니께서는 날마다 형님을 그리워하고 계십니다."

호랑이는 처음에는 믿지 않았으나 나무꾼의 절절한 사연 이야기를 끝까지 듣고는 정말로 나무꾼을 동생으로 믿었어요. 호랑이는 나무꾼에게 한 달에 두 번씩 산짐승을 물어다 줄 테니 어머니를 정성껏 모시고 잘 살라고 했어요. 그리고 매달 초하루와 보름이면 나무꾼에게 멧돼지 한 마리씩을 물어다 주었답니다.

- '호랑이 형님'의 줄거리

소통에 성공한 늑대와 나무꾼

프랑스 옛이야기 '빨간 모자'와 우리나라 옛이야기 '호랑이 형님'에 숨어 있는 소통의 기술은 무엇일까요? 그것은 '누가 대화의 주도권을 잡는가?'와 '대화를 주도하는 자는 무엇으로부터 힘을 얻는가?'입니다. 이 두 가지 질문의 답이 '빨간 모자'와 '호랑이 형님'에 숨어 있는 소통의 기술이랍니다.

먼저, 대화의 주도권을 누가 잡는지 알아보기 위해 '빨간 모자'의 늑대와 '호랑이 형님'의 호랑이가 처한 상황을 살펴보도록 하죠.

늑대와 호랑이가 각각의 이야기에 처음 등장했을 때는 사람을 잡아먹으려는 같은 캐릭터였죠. 그러나 이야기가 진행되면서 각각은 전혀 다른 캐릭터로 변합니다.

호랑이는 나무꾼을 잡아먹지 못하고 오히려 나무꾼을 돕는 일을 하죠. 반면에 늑대는 소녀를 잡아먹습니다.

'호랑이 형님'에서 나무꾼은 호랑이보다 힘이 약해요. 게다가 주변에는 호랑이의 행동을 막을 자가 아무도 없지요. 그런데도 호랑이는 대화의 주도권을 나무꾼에게 빼앗겨 버립니다.

호랑이는 나무꾼과 소통하고 싶어 하지 않았어요. '빨간 모자'의 늑대처럼 굳이 소통을 시도할 필요가 없었습니다. 호랑이와 나무꾼밖에 없는 깊은 산 속에서는 호랑이가 유리한 조건이었으니까요.

반면에 '빨간 모자'의 늑대는 소녀를 잡아먹고 싶지만 나무꾼이 있어서 그럴 수 없는 상황이었어요. 늑대도 나무꾼만 없었다면 굳이 소통을 시도하지 않았을 것입니다.

늑대는 나무꾼의 눈치를 살피면서 소녀와 친구인 척 대화를 주도하다가 뜻밖의 소득까지 얻습니다. 소녀의 할머니가 혼자 살고 있다는 정보, 그것은 늑대에게 소녀뿐 아니라 할머니까지 잡아먹어 배를 든든히 채울 수 있는 좋은 정보였어요.

배고픈 늑대가 배를 채울 수 있었던 것은 소녀와 소통하기 위해 대화의 주도권을 잡아서입니다. 적극적인 자세로 대화를 성공적으로 이끌어 자기가 의도하는 결과를 얻었죠.

'호랑이 형님'에서 나무꾼은 아찔한 상황에 놓입니다. 소통이 안 되면, 즉 자기 말이 설득력 있게 들리지 않으면 바로 잡아먹히고 말 상황이니, 나무꾼은 적극적으로 호랑이와 소통하려고 했을 거예요.

대화의 주도권은 '적극적으로 상대와 소통하려는 사람'이 잡습니다. 대화에서 주도권을 잡는 것이 전부는 아니지만 주도권을 잡는 자는 결과를 예측할 수 있어요. 자기가 의도하는 방향으로 결과를 바꿀 수 있는 기회가 더 많이 주어진다는 말이지요. 설령 양보하거나 포기하는 상황으로 결론이 난다 해도 그것은 타의보다는 자기의 선택일 확률이 높습니다.

다음으로 '대화를 주도하는 자는 무엇으로부터 힘을 얻는가?'에 대한 답을 찾아보세요.

'빨간 모자'와 '호랑이 형님'에서 대화의 주도권을 잡은 자가 각각 늑대와 나무꾼이라는 것을 알았습니다. 그렇다면 이 둘이 어떤 강점을 가진 존재인가 생각해 보면 됩니다.

'호랑이에게 물려 가도 정신만 차리면 산다.'는 옛말이 있어요. '호랑이 형님'에 등장하는 나무꾼이 바로 이 말에 딱 들어맞는 인물입니다. 호랑이가 잡아먹겠다고 으르렁거리는데 "아이고, 형님!" 이 말이 나올 정도면 그의 침착성은 높이 살 만하죠?

이 침착성은 자기 자신을 믿는 자신감에서 온답니다. 단순하게 보면 이것을 겁이 많은 사람과 그렇지 않은 사람의 차이라고 말할 수도 있습니다. 그러나 겁이 많은 사람은 자기 자신을 믿지 못하는 사람을 뜻하기도 합니다.

'빨간 모자'의 늑대 역시 침착합니다. 옆에서 나무를 하는 나무꾼을 의식하여 소녀에게 차분히 다가가서 친구로 사귑니다. 섣불리 소녀를 잡아먹으려 시도했다면 나무꾼의 도끼가 늑대를 향했을지도 모릅니다. 늑대는 서두르지 않고 침착하게 소녀에게 말을 걸었습니다. 늑대는 분명 자기 믿음이 있었어요. 소녀와 소통을 성공적으로 이끌어낼 수 있다는 믿음으로 대화를 시도했던 것입니다.

대화의 주도권을 잡는 사람은 자기 자신을 믿기 때문에 침착하고 용기 있게 행동할 수 있답니다.

'호랑이 형님'의 나무꾼이 가진 강점 중 눈여겨볼 것이 또 하나 있어요. 바로 언어적 순발력입니다. 이것 역시 평소에 자기를 믿는 것에서 생겨난답니다.

나무꾼이 위기 상황에서 발휘한 '침착함'과 '순발력'은 깊은 산속에서 으르렁거리는 호랑이에게서도 대화의 주도권을 빼앗아 자기를 지켜내는 힘이 되었습니다.

'침착함'과 '순발력'은 자기 자신을 믿는 사람에게만 주어진다는 것, 한 번 더 강조할게요. 자기 자신에 대한 믿음, 그것은 자기를 사랑하는 사람에게서 찾아볼 수 있습니다. 거꾸로 생각해 보세요. 자기를 사랑하는 사람은 자기 자신을 믿는 사람입니다. 어떤 상황에서도 자기를 지킬 수 있는 자신감 넘치는 사람이 되기 위해 일단 자기 자신을 먼저 믿어 보세요.

여러분은 깊은 산속에서 배고픈 호랑이를 만난다면, 그 호랑이가 나를 잡아먹으려고 으르렁거린다면 어떻게 하겠어요? 아직도 이것이 옛이야기일 뿐이라고 생각하나요? 그렇지 않습니다. 요즘에도 이런 사람들은 있답니다.

　　뉴욕의 어떤 학교에서 학생들과 선생님이 다음과 같은 이야기를 나눴어요.

　　"여러분, 동화 '빨간 모자'를 알고 있나요?"

　　선생님의 질문에 학생들이 "예!" 하고 자신있게 대답했습니다.

　　"이 시간에는 여러분이 '빨간 모자'의 소녀가 되어 숲에서 늑대를 만나면 어떻게 할지 생각해 보도록 하겠습니다."

　　"선생님, 우리가 그런 걱정을 왜 해야 해요?"

　　"맞아요. 요즘에 늑대가 나오는 숲이 어디 있어요? 그건 옛이야기일 뿐이에요!"

　　아이들이 일제히 대답했습니다.

　　"정말 그럴까요?"

선생님이 다시 물었습니다.

"우리는 그런 숲에 갈 리가 없어요."

"맞아요. 우리가 숲에 간다고 쳐요. 요즘 숲에 늑대가 어디 있겠어요? 그러니까 그런 생각은 할 필요도 없어요."

"여러분이 살고 있는 뉴욕이 숲이고, 빌딩들이 울창한 숲의 나무라고 생각해 보세요. 빨간 모자 소녀가 숲에서 늑대를 만난 것처럼 어여쁜 여러분이 뉴욕의 빌딩 숲에서 여러분을 해치려는 사람을 만났다면, 어떻게 하겠습니까?"

숲을 뉴욕의 빌딩에, 늑대를 어린이를 해치려는 나쁜 사람에 비유하자, 학생들은 '빨간 모자'의 소녀가 되어 갈등과 소통의 방법을 생각하는 데 적극 참여했다고 합니다.

우리나라에서는 얼마 전 이 '빨간 모자' 이야기를 각색해, 성폭력을 예방하기 위한 가족 뮤지컬('빨간 모자야, 노래를 부르렴')로 만들어 아이들에게 성폭력 예방 교육을 함께 실시하기도 했습니다.

죽음 앞에서 침착하게 호랑이와 소통하려고 한 나무꾼과 같은 사람은 요즘에도 볼 수 있습니다. 하굣길에서 아이들을 위협해 돈을 뺏는 불량 청소년들이 '호랑이 형님'에 나오는 호랑이가 될 수도 있겠지요. 그럴 때 나무꾼처럼 정신을 빠짝 차리고 언어적 순발력으로 그 순간을 피하거나 그들을 설득해 낼 수 있어야 해요.

이야기로 다시 돌아가 볼까요? 어떤 사람은 '호랑이 형님'에 나오는 나무꾼을 거짓말쟁이라고 합니다. 거짓말은 나쁜 것이니 거짓말을 하지 말고 그냥 잡아먹히고 말아야 할까요? 또 '빨간 모자'에 등장하는 늑대가 소녀에게 접근해 소녀를 꼬임에 빠지게 하려고 소통을 시도한 것을 얄팍한 수단이라고만 할 수 있을까요?

호랑이를 만난 나무꾼과, 소녀를 만난 늑대는 자신의 안전과 생명을 유지하기 위해 최선의 방법으로 소통을 시도했다고 볼 수 있습니다. 중요한 것은 이러한 위기의 순간에 대단한 용기와 지혜를 발휘해 위기를 모면해야 한다는 것입니다.

상대방과 소통하기 위해서는 자기 자신을 믿는 것이 먼저입니다. 자기를 믿다 보면 위기의 상황에서도 자신감이 생긴답니다.

'빨간 모자'와 '호랑이 형님'에서 배울 소통의 기술은 '자신감 넘치는 사람이 되어 대화의 주도권을 잡아라.'입니다. 누구와 대화하든 나는 잘할 수 있다는 믿음을 바탕에 깔고 대화의 주도권을 잡아 보세요.

내가 나를 안 믿는다면 누가 나를 믿어 줄까요? 자기 자신을 믿어 줄 때 자존감은 높아가고 여러분 안에서 잠자던 지혜도 '짠!' 하고 나타나 준답니다.

호랑이와도 소통이 가능했던 나무꾼은 여러분만큼 공부를 많이 하지 않았던 사람이라는 것도 꼭 기억해 두세요.

대화의 주도권은 자신감에서부터

상대방에게 내 자신감을 보여 주세요. 자신감 없는 사람에게 대화의 주도권을 넘겨 줄 사람은 아무도 없습니다.

자신감은 얼굴 표정에서부터 나타나요. 상대를 대하는 자신감 있는 표정은 언제나 중요하지만 내 의견에 따라오게 하고 싶을 때는 더 중요하답니다.

누군가와 대화할 때, 나는 내 표정을 볼 수 없어요. 내 앞에 있는 상대만 볼 수 있지요. 따라서 자신감 넘치는 표정은 평소에 거울을 보며 만들어 놓아야 합니다.

"나를 사랑하니?"

거울을 보는 것은 내가 나를 사랑하는지 알아보는 방법이기도 해요. 자기를 사랑하는 사람은 거울을 보고 웃지요. 거울 속에는 얼굴만 보이는 것이 아니랍니다. 미래의 꿈이 함께 보여요. 거울을 보고 웃는 사람은 자기의 꿈을 보고 웃는 사람이기도 해요.

거울을 보면서 꿈을 말해 주세요. 내가 앞으로 무엇을 하게 될지, 어떤 행운을 만나게 될지, 거울을 볼 때마다 내 몸에게 알려 주세요. 가슴에서 꿈이 별처럼 반짝이는 사람은 언제나 웃게 된답니다.

오늘 하루 거울을 다섯 번 보고, 다섯 번 모두 미소 지었다면 자기를 사랑하는 사람입니다. 다섯 번 보고 두 번 웃었다면 자기를 사랑하려고 노력하는 사람이지요.

거울을 볼 때마다 자존감을 높여 주는 말을 하나씩 들려주면 더 좋습니다.

"나 정말 예쁘다!"

"옆집 아줌마를 모른 척 하려다가 용기 내어 인사했지? 잘했다!"

"친구들 앞에서 떨리는 것을 참고 노래를 끝까지 부른 것은 정말 잘한 거야!"

"오늘 전학 온 진수는 어떤 친구일까? 우리 집에 초대해서 사귀어 볼까? 좋은 친구가 되겠지?"

이런 말을 듣다 보면 거울 속의 내가 미소 지어요.

'거울 보며 미소 짓기', 딱 1년만 해 보세요. 거울을 볼 때마다 웃게 됩니다.

자기를 믿고 사랑해 주면 자존감이 높아진답니다. 자존감이 높은 사람은 상대방을 대할 때 자신 있는 표정을 지을 수 있습니다.

자신감 넘치는 표정으로 대화의 주도권을 잡아 보세요. 반드시 원하는 결과를 얻을 수 있을 거예요!

이야기로 배우는 소통의 기술
말이 통하는 아이

1판 1쇄 발행 | 2013. 4. 12.
1판 8쇄 발행 | 2016. 7. 11.

노여심 글 | 권송이 그림

발행처 김영사 | 발행인 김강유
편집주간 전지운 | 책임편집 고영완 | 책임디자인 윤소라
편집 문자영 김지아 박은희 김효성 김보민
디자인 김순수 김민혜 | 해외저작권 김소연
마케팅부 이재균 곽희은 김영준 백미숙 이호윤 이연구 | 제작부 김일환
등록번호 제 406-2003-036호
등록일자 1979. 5. 17.
주소 경기도 파주시 문발로 197(우-10881)
전화 마케팅부 031-955-3102 | 편집부 031-955-3113~20 | 팩스 031-955-3111

© 2013 노여심, 권송이

값은 표지에 있습니다.
ISBN 978-89-349-6262-5 73700

좋은 독자가 좋은 책을 만듭니다.
김영사는 독자 여러분의 의견에 항상 귀 기울이고 있습니다.
독자의견전화 031-955-3139 | 전자우편 book@gimmyoung.com
홈페이지 www.gimmyoungjr.com | 어린이들의 책놀이터 cafe.naver.com/gimmyoungjr

⚠️주의 책 모서리에 찍히거나 책장에 베이지 않게 조심하세요.